SUCCESSIONS

Raphaëlle Bacqué
Vanessa Schneider

SUCCESSIONS

Secrets de famille

Albin Michel

Sommaire

Introduction

Hériter, c'est recevoir. Le plus souvent considéré comme une chance, ce peut être un fardeau. Personne ne reprochera jamais à ses parents d'avoir perçu d'eux le fruit d'une vie de travail, un appartement ou une maison de campagne, à condition qu'il puisse en faire ce que bon lui semble, y compris... liquider tous les souvenirs qui s'y attachent. La chronique mondaine se délecte de ceux qui, chez les puissants, dilapident la fortune de leurs aïeux. Les héritiers suscitent un curieux mélange d'envie et de colère. Leur aisance est jugée imméritée, leur gabegie, indécente. Certains souhaiteraient qu'ils partagent un tant soit peu leur magot même si, en France, il n'a jamais été populaire de taxer lourdement les héritages.

Transmettre, en revanche, est sans doute la chose la plus difficile qui soit. Car il ne s'agit pas uniquement de biens matériels, mais de valeurs morales, de culture, de sentiments. Le processus de transmission des entreprises est, à cet égard, particulièrement fascinant. Si la loi et la fiscalité permettent aux plus riches de transmettre leurs biens à leurs enfants dans les meilleures conditions possible, organiser le passage de relais d'une gouvernance est beaucoup plus périlleux. C'est là, en effet, que se niche le pouvoir. Là aussi qu'on évalue l'équilibre d'une famille, l'intelligence d'un patriarche et la compétence de ses héritiers. Là que se mesurent de la façon la plus implacable les ravages de l'absence d'amour, les rivalités et les haines au sein d'un clan.

Pour recevoir un héritage, qui ne s'évalue pas seulement en biens et en millions mais aussi en emplois, en produits, en marques et en image, il faut y avoir été préparé, et c'est la première leçon éclatante qui ressort de l'enquête sur les familles dont vous allez découvrir l'histoire. Pour que la suite se passe sans accrocs, il est indispensable que le patriarche – car il s'agit le plus souvent d'un homme, question d'époque sans doute – soit prêt à initier ses enfants au fonctionnement de l'entreprise qu'il dirige encore et que, parfois, il a lui-même créée. Il doit consentir à leur en dévoiler tous les ressorts, la genèse et les secrets, même les plus inavouables. Plus difficile encore, le patron qui est aussi un père doit accepter de voir sa progéniture s'émanciper et peut-être faire mieux ou, en tout cas, différemment.

Bâtir un empire, gérer de nombreuses sociétés, diriger des milliers de salariés nécessite des compétences particulières, mais aussi un certain ego. Les grands patrons que nous avons côtoyés ont tous une haute idée d'eux-mêmes, qu'ils soient héritiers d'une dynastie ou qu'ils en soient fondateurs. Pas facile, quand on se pense supérieur aux autres, de passer la main, fût-ce à ses propres enfants. Gouverner un empire, une marque prestigieuse, c'est aussi quelque part une promesse d'immortalité. Comment, alors qu'on se pense invincible, envisager la suite et préparer ses descendants ?

La plupart des grands fauves que nous avons rencontrés s'attachent à durer le plus longtemps possible, en entretenant leur condition physique de façon méthodique à coups de régimes, de pratique sportive régulière et d'une hygiène de vie sans écarts. Mais même les plus vaillants savent qu'ils vont mourir un jour et pensent à l'après. Le décès brutal de Jean-Luc Lagardère, le 14 mars 2003, a rappelé au monde des affaires la nécessité de penser l'avenir. Le puissant patron de Matra et d'Hachette n'avait pas vraiment formé son fils unique Arnaud à diriger un tel groupe. L'échec de l'héritier à relever le gant est considéré aujourd'hui par beaucoup comme l'exemple à ne surtout pas suivre.

Face à la perspective de la mort, chacun réagit à sa manière, en fonction de son caractère, mais aussi de ses névroses. Car en matière de transmission, il y a le « dire » et le « faire ». Si tous affirment leur désir de construire ou de prolonger une dynastie, certains ne sont, au fond d'eux-mêmes, pas prêts du tout à lâcher leurs prérogatives et leurs privilèges, et sabotent de manière plus ou moins consciente la passation de pouvoir.

Dans la première saison de nos Successions, nous avions constaté le gouffre qui pouvait exister entre un Bernard Arnault formant ses enfants à diriger les sociétés de LVMH comme on entraînerait des chevaux de course et un Jérôme Seydoux, patron de Pathé, qui n'estime aucun de ses fils et filles capable de l'égaler. Le premier organise des déjeuners familiaux comme de mini-conseils d'administration, permettant à ses héritiers d'apprendre à se faire les dents comme de jeunes lionceaux devant le roi de la savane. Le second n'a laissé aucune place importante au sein de son entreprise à sa progéniture. Pire, dès qu'il semble choisir un numéro deux parmi ses collaborateurs et être décidé à l'introniser comme un potentiel successeur, celui-ci est décapité au pied du trône. Il restera jusqu'au bout le seul et unique monarque.

Dans cette deuxième saison, les familles que vous allez découvrir protègent de multiples secrets, des arrangements et des contradictions. Cela n'a d'ailleurs pas grand-chose à voir avec le génie industriel ni même la puissance des entreprises en question. Regardons les Dassault, par exemple. Personne ne contestera l'exceptionnelle intelligence, le courage indéniable et la force de caractère de Marcel Dassault. Voilà un petit homme, frêle en apparence, capable d'inventer un modèle d'hélice et des avions avant guerre, survivant à la férocité destructrice des camps de concentration où l'avaient jeté l'antisémitisme et la folie nazie, bâtisseur d'un groupe industriel de tout premier plan. En résumé, un capitaine d'industrie hors du commun. Mais quel terrible père ! Il est frappant de voir tant de flamboyance créative combinée à une si grande sécheresse des sentiments à l'égard de son fils, Serge. Il l'a méprisé, ignoré, humilié, bref, il ne voulait pas le voir lui succéder. Et pourtant, c'est bien ce fils sans cesse critiqué et rabaissé qui développera l'entreprise et en fera un groupe industriel florissant avant… de répéter le même schéma catastrophique à l'égard de ses enfants.

Cette succession des mauvais sentiments relève-t-elle de la méchanceté ? De la jalousie ? D'une ignorance totale des mécanismes élémentaires de la psychologie humaine ? Ou tout simplement d'une incapacité à donner une éducation affective différente de celle que l'on a soi-même reçue ?

Nous devons avouer que nous avons rarement entendu parler d'amour, au cours de ces plongées dans les secrets des grandes familles françaises. Pour un François Pinault dont le regard s'éclaire à l'évocation de son fils François-Henri ou pour un Bernard Arnault qui arrache à son emploi du temps d'homme d'État des heures pour faire réviser leurs leçons à ses enfants, de nombreux patriarches que nous avons rencontrés nous ont laissé à voir froideur et détachement vis-à-vis de leur progéniture. Il serait trop facile d'en déduire que ces pères n'aiment pas leurs enfants, les prennent pour des idiots ou des incapables. C'est parfois le cas, mais pas toujours. Curieusement, beaucoup d'entre eux malmènent sciemment leurs héritiers, comme si cette éducation « à la dure » était une façon de les préparer à la vie des affaires. Jacques Saadé, le fondateur aussi féroce que rusé du géant de la navigation CMA CGM, n'imaginait pas d'autre successeur que son fils Rodolphe. Il n'a pourtant jamais ménagé ses critiques et a parfois usé de vexations publiques à son endroit. Il n'y a vraiment que David de Rothschild, l'héritier de la banque du même nom, pour clamer haut et fort son amour profond pour son garçon, qu'il a patiemment formé à reprendre son métier de banquier, compensant la scolarité relativement médiocre d'Alexandre par une transmission patiente, confiante et affectueuse.

C'est que parfois les pères ont peur d'être dévorés par leurs propres enfants. *« Tu me prends tout ! »*, ce fut la terreur d'Édouard Leclerc à l'égard de Michel lorsqu'il vit que non seulement celui-ci le remplaçait peu à peu dans les médias, mais accolait jusqu'à son prénom au sien, devenant Michel-Édouard Leclerc, comme une sorte de fils augmenté par l'addition des talents et de l'identité de son géniteur.

Il arrive d'ailleurs que ce soit le cas. Alexandre Barrière n'est-il pas parti en guerre contre son géniteur, Dominique Desseigne ? Il a d'abord choisi de troquer son patronyme pour celui de sa mère, Barrière, héritière des casinos du même nom. Puis il a contesté le statut d'usufruitier détenu par son père, tout en tenant des propos épouvantables sur lui.

La jalousie est souvent le plus inavouable des sentiments au sein d'une famille. Elle existe pourtant. Transmettre son entreprise, notamment lorsqu'on l'a créée, c'est un peu donner son « bébé » à un autre qui l'élèvera, lui donnera son nom et peut-être vous rejettera dans l'oubli. C'était la grande crainte de Marcel Dassault, qui écrivait des lettres à son fils en l'appelant « monsieur » comme pour le mettre à distance et le dénigrait publiquement devant les Premiers ministres et ministres de la Défense de droite ou de gauche. Ce fut le cas d'Édouard Leclerc, donc, comme de Jacques Saadé, qui ont passé la main dans la douleur. Tous deux ont attendu d'être octogénaires et surtout de ne plus pouvoir cacher la maladie qui grignotait peu à peu leur mémoire et leur énergie pour consentir enfin à laisser la place.

Et que dire de Paul Ricard ? À peine avait-il intronisé son fils Bernard qu'il ne cessa de dézinguer ses décisions auprès des hauts cadres de Pernod Ricard. Ce n'est pas seulement qu'il jugeait ses choix mauvais, c'est bien pire ! Il considérait que l'aîné de ses garçons, en voulant agrandir le groupe qu'il avait fondé, allait contre l'esprit même de la maison, cette culture marseillaise dont Paul Ricard avait fait sa référence et son identité. En somme, il accusait son fils de trahison…

Les actuels patrons de Chanel, Alain et Gérard Wertheimer, ont pris les rênes de la maison après un parricide symbolique rarissime dans le monde des affaires. Leur père Jacques, qui avait lui-même succédé à son propre géniteur, menaçait la survie de la maison de couture et de parfums par ses extravagances. Maniaco-dépressif, il s'était mis à distribuer les appartements et les œuvres d'art, dilapidant sa fortune et vidant les caisses de l'entreprise. Sur les conseils de leur mère, divorcée, ils le firent mettre sous tutelle…

Est-ce pour cela qu'ils se montrent si précautionneux, aujourd'hui qu'ils dépassent les soixante-dix ans et que leur succession est dans tous les esprits rue Cambon, mais aussi à New York d'où Alain Wertheimer continue de prendre toutes les décisions importantes ? Alors que la plupart des patriarches s'efforcent de mettre en avant le parcours de leur futur successeur de peur que leur légitimité et leur compétence ne soient contestées, eux font dire par leurs représentants que rien n'est en place pour l'avenir. Et si Nathaniel, l'un des fils d'Alain Wertheimer, fait ses classes dans tous les grands départements de la maison – mode, retail, parfum –, cela ne ressemble aucunement à un parcours de formation, soulignent-ils… Comme s'ils craignaient d'envisager concrètement une passation de pouvoir qui, cinquante ans plus tôt, fut aussi un drame familial.

Car ces affaires de succession restent des histoires d'affects. On y retrouve les rivalités et les incompréhensions qui existent dans toutes les familles. Combien d'entre nous ont connu ces fratries qui se déchirent chez le notaire pour un service d'argenterie sans réelle valeur, comme si la dispute pour quelques cuillères n'était que le substitut matériel des haines profondes nourries depuis l'enfance ? Les successions réveillent les querelles mal réglées, les tiraillements entre un enfant supposé « préféré » et les autres, les sentiments d'injustice, le rejet d'une belle-mère ou d'un beau-père. Les familles les plus riches n'échappent pas à ces phénomènes, seule l'ampleur des enjeux financiers diffère et hystérise les conflits.

C'est aussi pour cela que ces grandes familles s'observent avec attention. Parmi nos lecteurs, aucun n'a été plus assidu du premier tome de nos Successions que les clans sollicités pour le second. Ils en citaient parfois par cœur les anecdotes, comme si découvrir ce qui se passe chez les autres constituait une forme de soulagement : les soucis n'arrivent pas qu'aux autres !

Nos protagonistes se connaissent d'ailleurs entre eux. Les Dassault et les Wertheimer ont pris des parts dans la banque dirigée par Alexandre de Rothschild et les trois familles se côtoient dans le Bordelais, où chacune possède des propriétés. Les Saadé ont élu domicile à Marseille, la ville où Paul Ricard inventa son fameux pastis, et ces deux familles en sont devenues les dynasties les plus en vue. Presque tous ont croisé les Desseigne à l'hôtel Normandy de Deauville, à Cannes, La Baule ou dans les casinos que les héritiers de l'empire fondé par Lucien Barrière possèdent.

Lorsqu'ils vivent à Paris, leurs enfants fréquentent les mêmes établissements scolaires du 16e arrondissement, des écoles catholiques et privées, Saint-Louis-de-Gonzague que les initiés appellent Franklin, la Tour ou Saint-Jean-de-Passy. Ils fréquentent plus tard les mêmes rallyes et les mêmes boîtes de nuit. Ils résident pour la plupart dans ce triangle d'or de l'ouest de la capitale, où l'on peut vivre dans des résidences protégées des regards et parfois même des dangers et des haines que suscite l'argent. Vincent Bolloré, Jean-Luc Lagardère, Dominique Desseigne, Xavier Niel ont tous eu une maison dans le fameux enclos de la villa Montmorency. C'est aussi pour se protéger, ajouté à un certain goût de l'entre-soi, que leurs yachts continuent presque tous de croiser dans la baie de Saint-Tropez... Les Bouygues et les Ricard se voient dans des chasses en Sologne, beaucoup possèdent des demeures dans les Yvelines à l'instar des Lagardère et des Pinault, en Normandie comme les Wertheimer, les Gallimard, les Dassault ou les Seydoux, aux Parcs à Saint-Tropez comme Bernard Arnault et Vincent Bolloré. Parfois même, leurs enfants se marient entre eux – ainsi Yannick Bolloré a épousé une fille Bouygues.

Ils sont tous confrontés peu ou prou aux mêmes défis et aux mêmes inquiétudes : comment préserver l'acquis et préparer l'avenir ? Comment déjouer l'adage que connaît si bien le monde des affaires : « La première génération crée, la seconde gère, la troisième tue » ? Comment élever ses enfants en leur donnant le goût du travail alors que l'argent est là partout autour d'eux et pour plusieurs générations ? Comment leur communiquer l'amour d'un métier, d'une société, d'un groupe ? Comment les préparer à exercer les plus hautes responsabilités ? Parfois adversaires en affaires, ces familles n'hésitent pas à solliciter les plus anciennes d'entre elles comme les Mulliez (propriétaires d'Auchan, de Decathlon, etc.) afin de puiser conseils et avertissements pour éviter la dislocation des liens, forcément néfaste à l'entreprise.

Plusieurs milliards en actions et dividendes, des milliers d'emplois en jeu, des marques mondialement connues, voilà ce qui distingue nos dynasties du commun des mortels. Leurs passions et leurs haines ont pour décor de somptueux hôtels particuliers ou des châteaux entourés de vignobles prestigieux. Ces héritiers sont riches à ne plus savoir compter. Mais pour le reste, leurs tourments sont les mêmes que ceux de tout un chacun : ils connaissent la peur de ne pas être à la hauteur d'un père admiré, le poison du ressentiment ou la douleur des enfants mal aimés. À l'image des familles du monde entier.

1.

Les Dassault

Mauvais pères

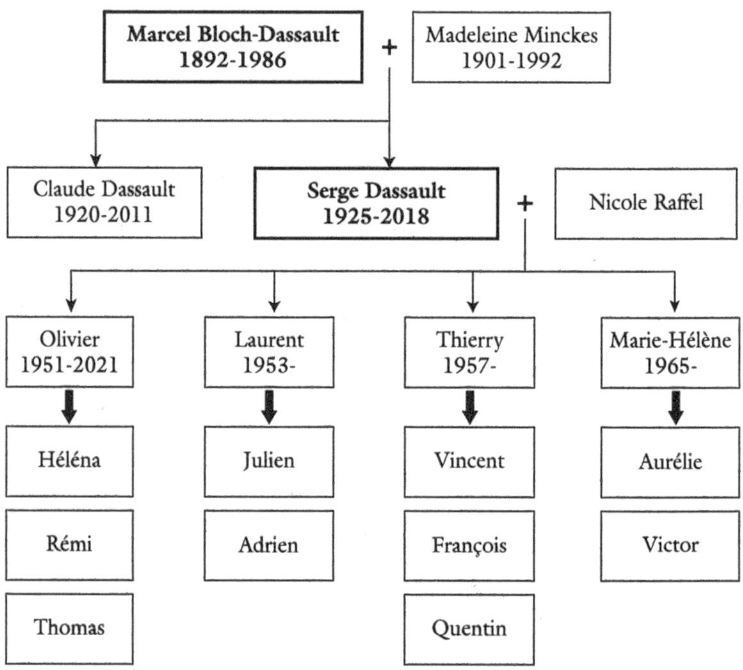
Marcel Bloch-Dassault
1892-1986
+
Madeleine Minckes
1901-1992
Claude Dassault
1920-2011
Serge Dassault
1925-2018
+
Nicole Raffel
Olivier
1951-2021
Laurent
1953-
Thierry
1957-
Marie-Hélène
1965-
Héléna
Rémi
Thomas
Julien
Adrien
Vincent
François
Quentin
Aurélie
Victor

Le vent souffle en bourrasques depuis plusieurs jours, mais le ciel est clair sur Deauville, ce 7 mars 2021. La veille, lorsque Olivier Dassault est arrivé vers 18 h 30 à bord de son hélicoptère personnel, un Airbus AS350-B qu'il apprend à piloter avec un vieux copain aguerri, le soleil se couchait tout juste et des curieux l'ont regardé atterrir presque à la verticale, un peu trop près d'un bosquet, dans la lumière orangée du crépuscule. L'appareil attend sagement de repartir, à moins d'un mètre d'un grand frêne, dans la propriété d'un ami d'Olivier dont le parc lui sert souvent d'héliport, à Touques, sur les hauteurs de la cité normande.

L'aîné des héritiers Dassault adore se déplacer à bord de ses propres avions. Encore quelques heures de conduite en double commande et il pourra ajouter la licence de pilote d'hélicoptère à celles qu'il possède déjà sur différents types d'appareils. À 69 ans, c'est sa façon à lui d'incarner sa prestigieuse ascendance, à défaut d'avoir pris les rênes du fleuron de l'industrie aéronautique française créé par son grand-père Marcel Dassault, en 1929. Lorsqu'il arrive au salon du Bourget, avec son blouson, ses lunettes fumées d'aviateur et ce nom, Dassault, qui charrie sa propre légende, il peut avoir l'illusion d'être un peu le patron. Et oublier ce que son père polytechnicien, Serge Dassault, lui a répété presque toute sa jeunesse : *« Tu n'es pas un grand ingénieur puisque tu n'as pas fait Polytechnique. »*

Pour avoir le plaisir d'arriver aux commandes de l'un des Falcon produits par Dassault Aviation, Olivier a dû vaincre un tenace mal de l'air qui l'a longtemps saisi à la moindre perturbation atmosphérique. À 24 ans, alors qu'il terminait sa formation d'ingénieur et d'officier pilote de l'École de l'air, son instructeur, qui le voyait sans cesse retirer précipitamment son masque pour vomir dans un sac en papier, lui avait lancé en guise de consolation : *« Eh bien… vous ferez un bon réserviste… »* Dix fois, Olivier a raconté comment il avait alors montré sa barrette, sur sa poitrine : *« Vous n'avez pas vu le nom qui est inscrit là ? Je serai pilote ! »* Depuis, ce dandy touche-à-tout peut adjoindre ce talent supplémentaire à la longue liste qu'il a lui-même rédigée sur son blog : *« Homme politique, entrepreneur, il est aussi un pilote chevronné, un photographe prisé et un compositeur reconnu… »*

L'aîné des enfants Dassault n'a pas prévu de s'éterniser en Normandie ce jour-là. Depuis que son père est mort trois ans plus tôt, à l'âge de 93 ans, d'une crise cardiaque qui l'a terrassé à son bureau du rond-point des Champs-Élysées, Olivier pourrait pourtant se sentir libre d'occuper son temps. À vrai dire, il a toujours mené la vie privilégiée des héritiers fortunés : bureaux somptueux, voitures de sport, chasse en Sologne, nombreuses résidences secondaires, musique et photographie en guise de passe-temps. Mais du vivant de Serge, il se surprenait à mentir comme ses deux frères Laurent et Thierry et leur sœur Marie-Hélène, pour cacher un week-end au soleil, afin d'éviter d'entendre le patriarche persifler : « *Tu ne travailles donc pas ?* » À 69 ans, Olivier peut donc enfin se conduire comme il l'entend. Il a beaucoup d'argent et ne sent plus planer sans cesse au-dessus de lui le regard déçu de son père.

L'atmosphère est cependant un peu trop morne à son goût à Deauville, en cette fin d'hiver. L'épidémie de Covid connaît une reprise et l'on parle déjà d'un prochain confinement, le troisième en un an. La petite ville normande, habituellement fréquentée par les Parisiens aisés qui apprécient sa longue plage et ses boutiques de luxe, est presque déserte. Les restaurants n'ont pas rouvert et Olivier Dassault a décidé de repartir vingt-quatre heures après son arrivée, en fin d'après-midi, avant la tombée de la nuit. D'autres obligations l'attendent. Élu depuis 1988, député dans la première circonscription de l'Oise – celle de son grand-père Marcel –, il a l'habitude de faire la tournée des associations et des marchés pour saluer ses électrices, le 8 mars, jour des droits des femmes.

Chaque année, son épouse l'accompagne. Cela fait douze ans que ce séducteur invétéré s'est remarié avec Natacha Nikolajevic, une ancienne conseillère en communication et marketing, rencontrée en

2003 lors d'une vente aux enchères chez Artcurial, dont le groupe Dassault est l'un des principaux actionnaires. Olivier avait déjà deux enfants, de précédentes unions, Héléna et Rémi. Ensemble, ils ont eu un garçon, Thomas, né en 2011. Chaleureuse et gaie, Natacha a beaucoup œuvré pour adoucir les relations difficiles entre Serge et Olivier Dassault. Fille d'un psychiatre serbe ayant fui la Yougoslavie de Tito et d'une mère *« très soixante-huitarde, graines et cours de yoga »*, comme elle le dit en souriant, elle a rapidement compris les douleurs intimes au sein de cette famille où personne ne manifeste jamais un quelconque geste de tendresse et offre le spectacle de relations froides et emplies de non-dit. Olivier pouvait bien, à plus de soixante ans, appeler son père « papounet » devant les caméras de télévision, leurs échanges ont toujours semblé trempés dans l'acide. *« Vous devriez lui dire que vous l'aimez »*, a glissé un jour Natacha à son beau-père en désignant Olivier. Ce dernier a-t-il deviné qu'elle était à l'origine de ce mot gentil lâché enfin, quelque temps avant sa mort, par Serge à son fils ?

Ce samedi, donc, l'aîné des héritiers Dassault a déposé un plan de vol pour repartir le lendemain, dans l'Oise, avec Natacha et le jeune Thomas. Mais maintenant que l'heure du retour approche, le couple songe à changer son programme. Avec le Covid, il n'est plus question d'organiser des rencontres avec les électrices autour d'un verre, et le député a prévu de leur substituer une tournée des maisons de retraite et de quelques associations. Il a bien remarqué que cette perspective n'emballait pas son épouse. *« Exceptionnellement, je te dispense de l'Oise »*, lui concède-t-il finalement. Et Thomas ? Habituellement, il adore monter en hélicoptère avec son père, mais cette fois, le petit garçon, qui va sur ses dix ans, rechigne à l'idée de laisser sa mère. C'est décidé, la mère et le fils repartiront à Paris en voiture pendant qu'Olivier rejoindra l'Oise. *« Il est parti la fleur au fusil, avec son copain pilote... »* se souvient Natacha. La suite est figée dans sa mémoire, mais aussi dans le rapport minutieux du BEA, le bureau d'enquêtes et d'analyses pour la sécurité de l'aviation civile.

Olivier Dassault n'a pas quitté la maison de Deauville pour rejoindre Touques depuis trente minutes que le nom de son assistant s'affiche sur le téléphone de Natacha. *« Olivier a été éjecté de l'hélico ! »* annonce l'homme d'une voix blanche. L'épouse saute dans sa voiture et roule à fond de train jusqu'à la propriété où était stationné l'engin. Les gendarmes sont déjà là. Se fiant au plan de vol déposé la veille, ils cherchent une femme et un enfant dans les débris fumants et les taillis environnants. Ils refusent de laisser Natacha approcher : *« Il y a du kérosène partout, cela pourrait s'enflammer. »* De loin, cependant, elle vient de reconnaître dans l'herbe le corps et les petits pieds de son mari – il chausse du 39 – et comprend l'irrémédiable. Le pire, confie-t-elle aujourd'hui, c'est le sentiment terrible qui la déchire alors, *« entre la douleur infinie qu'il soit mort et le soulagement immense que Thomas ne soit pas monté avec lui »*...

Que s'est-il passé ? À 17 h 43, décrit l'enquête

du BEA, *« lors du décollage vertical de l'appareil, à une hauteur d'environ 19 mètres, le rotor de l'hélicoptère a heurté les branches du grand frêne de 23 mètres de hauteur près duquel il s'était posé la veille »*. L'appareil s'est littéralement délité, la queue de l'hélicoptère s'est détachée, les glissières et le plancher de la cabine ont été arrachés et cette dernière est tombée jusqu'au sol en tournant sur elle-même.

Olivier Dassault pilotait-il lui-même l'appareil, bien qu'il fût encore en apprentissage ? Ou était-ce son ami, mort lui aussi dans l'accident et qui, malgré une vision légèrement déficiente, ne portait pas de lunettes ? *« L'enquête n'a pas permis de déterminer qui était aux commandes de l'hélicoptère lors de l'atterrissage la veille de l'accident et lors du décollage,* reconnaît le BEA. *Ainsi, le décollage vertical réalisé le jour de l'accident a pu être exécuté par le pilote seul, par le pilote à des fins de démonstration vers le passager, ou par le passager, sous la supervision du pilote intervenant en tant qu'instructeur. »* Les résultats de l'autopsie montrent, quoi qu'il en soit, que *« les lésions internes subies par les deux personnes à bord ne laissaient aucune possibilité de survie »*.

Les obsèques d'Olivier Dassault sont célébrées le 12 mars, au sein de la cathédrale Saint-Pierre de Beauvais, chef-lieu de la circonscription de l'élu. De nombreux politiques de droite comme de gauche sont présents, tel Jean-Luc Mélenchon, qui prend la veuve dans ses bras et lui glisse : *« C'est le seul mec de droite que j'aimais. »* À la fin de la cérémonie, deux avions de chasse de l'armée de l'air survolent le parvis de l'église en hommage autant à la famille Dassault qu'au pilote Olivier.

Déjà, le monde des affaires se demande comment la famille va gérer la disparition de son aîné. Car la société Dassault est devenue l'un des groupes français les plus puissants et les plus stratégiques pour la France. Présent dans la conception et la fabrication d'avions militaires et civils, de systèmes spatiaux (Dassault Aviation, 12 400 collaborateurs et 7,2 milliards de chiffre d'affaires), la conception de logiciels de haut niveau (Dassault System, 20 496 collaborateurs, 4,86 milliards de CA), il l'est aussi dans les médias (avec son fleuron *Le Figaro*, 1 850 collaborateurs, 500 millions de CA), l'immobilier (Immobilière Dassault, 25,2 millions d'euros de revenus locatifs et 39 482 mètres carrés exploités), l'art (Artcurial, 120 conseillers et 120 millions de CA) et le vin (Dassault Wine Estate est propriétaire de trois vignobles à Saint-Émilion, Château Dassault, Château Faurie de Souchard et Château La Fleur). Il est donc essentiel de savoir par qui il va être dirigé.

Si Olivier a toujours été le plus connu des héritiers Dassault, il y a derrière lui deux frères, Laurent et Thierry, et une sœur Marie-Hélène, ainsi que leurs conjoints. Il y a aussi treize petits-enfants à qui Serge a transmis dès la fin des années 90 la quasi-totalité du capital du groupe médiatico-militaro-industriel, laissant l'usufruit à ses enfants. À eux tous, les petits-enfants détiennent la sixième fortune française selon le classement du magazine *Challenges* de 2023, avec un patrimoine évalué à 32 milliards d'euros. La direction opérationnelle du groupe est, elle, entre de solides mains que Serge avait pris soin de choisir hors de la famille : celles de Charles Edelstenne, longtemps considéré comme son « double ».

Olivier avait, néanmoins, un rôle à part dans la fratrie. Il n'occupait pas seulement la place de Serge, après la mort de ce dernier, aux déjeuners de famille. Il était aussi le véritable président au conseil de surveillance de la holding familiale, alors même que la troisième génération Dassault avait organisé en son sein une présidence tournante. Il était également le seul à pouvoir ramener un peu de concorde entre Laurent, Thierry, Marie-Hélène et le mari de cette dernière, Benoît Habert. Car il n'est un secret pour personne que le poison de la division s'est installé au sein de la famille depuis des décennies…

« Les Dassault, c'est la succession des mauvais sentiments », résume un connaisseur de la dynastie. Pour comprendre ce qu'il veut dire, il faut remonter au père fondateur, Marcel Dassault, que tous vénèrent. Ce formidable concepteur d'avions incarne une histoire à la fois héroïque et tragique. Né en 1892 à Neuilly-sur-Seine au sein d'une famille juive, Marcel Bloch est le dernier de quatre enfants. C'est un élève brillant, entré à l'École supérieure d'aéronautique et de construction mécanique (Supaéro) dont il est sorti diplômé un an avant la Première Guerre mondiale. C'est d'ailleurs pendant la Grande Guerre qu'il s'est lancé, avec Henry Potez, un camarade de Supaéro, dans la conception d'abord d'une hélice puis d'un avion complet destiné à l'armée française.

Onze ans après la fin de la guerre, il a monté sa propre entreprise, la société des avions Marcel Bloch, qui a produit plusieurs bombardiers bimoteurs pour l'État avant d'être nationalisée par le Front populaire en 1936. C'est à la fois un ingénieur doué et un entrepreneur malin. Ainsi a-t-il utilisé l'indemnité de la nationalisation de son entreprise pour en refonder immédiatement une autre, que la course à l'armement des années 30 a rendue très rentable.

Dans cette époque où le fascisme et l'antisémitisme prospèrent, ce chef d'entreprise juif est régulièrement pris pour cible par les journaux d'extrême droite, comme l'hebdomadaire *Gringoire* qui ne cesse d'insulter *« le juif Marcel Bloch »*. La famille comprend vite le danger qui la menace. En 1940, à la suite de la défaite de la France et l'occupation d'une partie du pays par les troupes allemandes, Darius Paul Bloch, le frère de Marcel, rejoint de Gaulle à Londres après son appel, le 18 juin. Marcel, lui, rallie la villa qu'il possède à Cannes, en zone libre, avec femme et enfants.

L'Occupation et les lois antijuives font peser une menace mortelle et quotidienne sur toute la famille. Dès octobre 1940, Marcel est d'ailleurs arrêté à Cannes et interné administrativement par le gouvernement de Vichy, dans l'Indre puis en Ardèche. Il a de nombreux admirateurs et soutiens, et au bout de six mois le ministre de l'Intérieur obtient qu'il soit libéré et assigné à résidence à Thiers, où une usine aéronautique est en construction. Aussitôt, la presse antisémite se déchaîne et le Commissariat général aux questions juives réclame l'aryanisation, c'est-à-dire la spoliation, de son entreprise d'aéronautique. Encore une fois, un certain nombre d'amis, des cadres de la société et des responsables politiques, soucieux de ne pas laisser aux mains des nazis le savoir-faire de l'ingénieur, interviennent pour lui éviter le pire. Chaque mois qui passe relève du miracle.

En mars 1944 cependant, Marcel Bloch est arrêté par la Gestapo et interné à la prison de Montluc, à Lyon. Son épouse Madeleine et leurs deux fils, Claude et Serge, ont aussi été arrêtés et transférés au camp de Drancy, où ils ont finalement retrouvé Marcel. Leur réunion sera de courte durée. En août 1944, alors que sa famille a été libérée, Marcel est déporté au camp de concentration de Buchenwald, près de Weimar, en Allemagne.

Avant la guerre, Marcel Bloch passait pour un patron social. Il était également adhérent du Parti radical-socialiste. Il fait donc partie de ces déportés français qui, une fois la paix revenue, pourraient jouer un rôle en faveur des communistes, nombreux dans le camp. Pour toutes ces raisons, un réseau de protection se met en place autour de lui. Chaque fois qu'il risque d'être envoyé sur des chantiers éreintants pour sa santé fragile, lorsqu'une épidémie de typhus menace les baraquements où s'entassent les déportés, le patron de la résistance communiste interne au camp, Marcel Paul, lui évite les plus grands dangers. Après la libération, âgé de 53 ans, Marcel Bloch fait figure de véritable miraculé. Il n'oubliera jamais ce qu'il doit aux communistes et versera toute sa vie de l'argent au journal du PCF

L'Humanité ainsi qu'à la Fédération nationale des déportés et internés résistants et patriotes (FNDIRP).

La guerre lui a aussi fait prendre des résolutions importantes pour sa famille. Sur les quatre fils Bloch, son frère Darius Paul est devenu général après sa résistance courageuse, mais René, qui était chirurgien des hôpitaux de Paris, est mort à Auschwitz. Lui-même sait bien à quoi il a réchappé. Il décide donc de renoncer à la fois à son patronyme et au judaïsme. Dans la Résistance, le nom de code utilisé par son frère Darius Paul était « Chardasso » (tiré de « char d'assaut »). En 1946, Marcel fait changer son patronyme en Bloch-Dassault, puis en Dassault tout court, dès 1949. L'année suivante, il se convertit au catholicisme.

En 1951, il propose à son fils Serge d'entrer dans la société d'aéronautique qu'il a créée et dirige toujours d'une main de fer. Cela devrait être une chance pour le père et le fils, autant que pour l'entreprise. Sur le papier, Serge a d'ailleurs parfaitement le profil des ingénieurs que Marcel souhaite recruter chez Dassault-Breguet. Il est sorti suffisamment bien classé de l'école Polytechnique pour choisir ensuite Supaéro. Il a le goût de la technique, des capacités de haut niveau en mathématiques et en physique, et ce souci de l'esthétique en matière d'aérodynamisme que chérit tant ce père, qui professe que *« chaque fois qu'un avion est beau, il vole bien »*.

Cependant, il n'échappe à personne que Marcel tient son fils à distance. C'est qu'un drame personnel pèse sur la famille. L'aîné de ses enfants, Claude, né en 1920, est atteint d'autisme à une époque où la médecine sait à peine comment considérer ces troubles du développement. De ce premier enfant handicapé, Madeleine et Marcel ne se remettront jamais vraiment. Est-ce la douleur constante de voir les insuffisances de Claude qui les fait mépriser le cadet, dont la naissance, cinq ans plus tard, ne guérit rien ?

Il n'y a aucune complicité entre père et fils. Leurs caractères sont opposés. Marcel n'est pas du genre à partager son autorité, Serge aime bien mettre les pieds dans le plat et dire sans ménagement ce qu'il pense. Autant dire qu'ils ne sont pas du tout faits pour s'entendre. Quand Marcel écrit à son fils, il commence ses lettres par « Monsieur » comme s'il s'adressait à un étranger. Serge est pourtant une bonne recrue. Au début des années 60, il a largement contribué à la création du Mystère 20, qui ouvrira la voie à l'aviation d'affaires et profitera à la fortune de la société. Marcel a fait de lui un actionnaire et un membre du conseil d'administration de l'entreprise, mais qui n'a pas voix au chapitre. Pire, le père ne perd jamais une occasion de mettre le fils plus bas que terre en public. *« Il ne m'a jamais dit qu'il était fier de moi, n'a jamais été prolixe en compliments »*, confiera plus tard Serge Dassault à Mireille Dumas dans une interview télévisée.

Avec les années, les relations entre Marcel et Serge ne se sont pas arrangées, et elles ont pris une tournure plus cruelle encore lorsque Serge a lui-même eu des enfants. « Coco » – c'est ainsi que ses petits-enfants appellent Marcel – adore Olivier, bien plus qu'il a aimé son propre fils. Il répète sans cesse qu'il laissera à l'aîné de ses petits-fils la présidence de son groupe, alors qu'il n'a jamais rien dit de semblable au sujet de Serge, dont il s'applique à vouloir saboter le rôle de père et à prendre la place auprès d'Olivier.

Ce dernier a du charme, c'est certain. C'est un enfant puis un jeune homme plein d'aisance, un grand séducteur. Un touche-à-tout qui s'essaie à la photo et à la musique, mais n'a, à l'évidence, ni le sens de la discipline ni le goût du travail, deux qualités indispensables pour diriger une entreprise. Lorsque Olivier a eu son bac, dans la foulée de Mai 68, « Coco » si exigeant avec Serge s'est contenté de dire à son petit-fils en forme de boutade : *« C'est bien, tu pourras au moins être chauffeur de taxi ! »* Quand Olivier a voulu créer une petite société de publicité, il a vite laissé une ardoise conséquente, que son grand-père s'est empressé d'éponger alors que Serge voulait laisser son fils se débrouiller par lui-même. C'est aussi Marcel qui offre à Olivier les voitures de sport que Serge lui refuse. En somme, personne n'est vraiment à sa place dans cette lignée d'hommes.

« Serge est véritablement né à 60 ans, quand son père a disparu », résument parfois les héritiers Dassault. Rien n'est plus vrai. La mort de Marcel Dassault, le 17 avril 1986, donne lieu à un hommage exceptionnel de la part du Premier ministre d'alors, Jacques Chirac, qui fait organiser des obsèques aux Invalides, dans la cathédrale du diocèse aux armées, un geste rarissime envers un industriel. Mais les initiés ont compris que derrière la perte de l'ingénieur d'exception il y a aussi une libération pour son fils, qui a déjà 62 ans.

Marcel n'a pourtant rien prévu pour sa succession. C'est donc au conseil d'administration d'en décider. Nous sommes en pleine cohabitation entre François Mitterrand et Jacques Chirac. Après l'élection du président socialiste en 1981, Marcel Dassault avait échappé à la nationalisation en cédant 26 % de ses actions à l'État, qui sont venus s'ajouter aux 20 % que ce dernier possédait déjà. Cinq ans plus tard, le capital de l'entreprise n'est donc détenu qu'à 46 % par l'État mais celui-ci possède néanmoins 55 % des droits de vote, soit six voix sur douze. Autant dire qu'il a un rôle à jouer. Curieusement, les gaullistes ne plaident pas en faveur de l'héritier. Serge a pourtant rejoint le RPR en 1986, mais ils ont trop vu Marcel malmener son fils pour respecter vraiment celui-ci. Le ministre de la Défense, André Giraud (RPR), fait même ouvertement campagne contre lui. Il préférerait que l'État nomme une personnalité extérieure, imaginant ainsi un PDG à sa main. Il faut tout l'entregent de Pierre de Bénouville, à la fois ami de Marcel Dassault et de François Mitterrand, pour convaincre le président de la République d'user de son influence en faveur de Serge, afin que l'entreprise reste familiale et continue de porter le nom prestigieux du créateur des Mirage. Serge Dassault est finalement élu à une voix près PDG du groupe, à l'âge où les ouvriers de ses usines sont déjà à la retraite…

Il est toujours difficile pour un homme qui n'a pas été aimé de témoigner de l'amour à ses propres enfants. Dans un infernal processus de répétition, Serge Dassault se comporte à son tour en autocrate avec sa descendance, la méprisant ouvertement comme son père le méprisait autrefois. Tous ceux qui fréquentent alors les Dassault se souviennent, mal à l'aise, des humiliations infligées par Serge à ses enfants. « *Un jour, alors que je venais voir Serge dans son bureau au rond-point des Champs-Élysées, je me retrouve avec son cadet Laurent qui attendait sagement son tour,* raconte un proche de la famille. *Je lui ai dit : "Votre fils d'abord !" Il m'a répondu aussitôt : "Il peut bien attendre encore !"* »

Serge a mal supporté la décision de Laurent de retourner vers le judaïsme après son mariage en 1977 avec Martine Raych, dont la mère portait le nom de… Bloch, comme les Dassault avant leur changement de patronyme. Avec ce cadet sans gêne et parfois acariâtre, Serge se montre d'une cruauté terrible. Le traite d'idiot, se moque de lui en public, ne considère jamais la moindre de ses initiatives. Olivier n'a pas droit à plus d'égards. Au printemps 2004, alors qu'il est censé être chargé du pôle presse du groupe (qui gère notamment *Valeurs actuelles* et *Spectacles du monde*), il est convoqué par son père pour une annonce-surprise : « *Nous avons racheté* Le Figaro *!* » Serge n'a pas pris la peine de lui en parler avant. Les murs tremblent encore de l'altercation qui s'ensuivit.

Comment expliquer, sinon par la jalousie, la façon dont le patriarche observe la carrière politique d'Olivier ? Depuis des années, Serge Dassault essaie de s'installer durablement comme élu dans l'Essonne. Battu plusieurs fois, souvent en ballottage, il a parfois « assuré » sa victoire en recourant à des méthodes douteuses pour mieux s'attacher les électeurs, ce qui lui vaudra en 2009 l'annulation de son élection par le conseil d'État et une inéligibilité d'un an.

D'emblée, il voit d'un mauvais œil qu'Olivier envisage à son tour de se présenter, lors des législatives de 1988. Olivier a pourtant pris soin de lui demander ce qu'il en pensait. Serge, espérant trouver des obstacles, a consulté Jacques Chirac, qui préside alors le RPR et veille sur ces Dassault qui ont toujours été les compagnons de route de la droite. Ce dernier a lâché pour le tranquilliser : *« Laisse-le faire, il va être battu, ce sera une bonne leçon et il reviendra dans l'entreprise. »* Seulement, Olivier a été élu. Et Serge en a été meurtri. Dès le lendemain, Olivier a trouvé sur son bureau ses affaires dans un carton, ainsi qu'il l'a raconté à ses proches.

« Tu as choisi, maintenant tu t'en vas, a lâché Serge.

– *Mais tu m'avais dit oui !*

– *Je t'ai dit oui, mais je pensais non ! »*

Olivier racontait une autre histoire, plus terrible encore, survenue vingt ans plus tard, après l'élection de Nicolas Sarkozy à la présidence de la République. L'aîné des enfants de Serge espère alors devenir ministre du Commerce extérieur. Avec son charme, son nom, le réseau Dassault à l'étranger, il pense être un formidable vendeur pour les entreprises françaises. Son père, apprenant la nouvelle, assure alors au chef de l'État que l'affaire est impossible puisqu'il s'apprête à nommer Olivier président du groupe. Ce dernier, allant voir Nicolas Sarkozy pour discuter de son futur portefeuille, s'entend rétorquer : *« Mais enfin, tu vas être le président de Dassault, tu ne peux pas être ministre. »* Le gouvernement est finalement annoncé sans lui. Évidemment, son père ne le nomme pas dirigeant du groupe.

Serge n'a jamais eu confiance en les capacités de ses enfants. *« Il avait l'idée qu'il fallait ériger une muraille de Chine entre la famille et l'entreprise et que, pour attirer des types brillants, des ingénieurs, etc., il ne fallait pas mettre la famille au milieu »*, l'excuse aujourd'hui un haut cadre du groupe. Ni Thierry – qui s'est un temps spécialisé dans les activités multimédias du groupe – ni Marie-Hélène – qui semblait plus tentée par le mécénat – n'ont jamais revendiqué le pouvoir. Benoît Habert, le mari de cette dernière, aurait éventuellement pu se lancer dans la course, mais les trois frères se sont toujours accordés contre lui. Il est un peu leur contraire, très grand alors qu'ils sont petits, habile, travailleur et discret.

Pendant longtemps, il n'est donc resté que les deux aînés, Olivier et Laurent, pour tenter d'exister l'un contre l'autre, affichant leur détestation mutuelle au grand jour. Serge n'a cessé de jouer de leurs rivalités, s'appliquant même à les exacerber.

Si encore Nicole Dassault avait compensé la dureté de son mari… Mais elle ne se montre pas plus douce avec ses quatre enfants. À Laurent, le cadet d'Olivier, elle est capable de dire devant témoins : *« D'un mot, Olivier peut embellir les choses, mais toi d'un regard tu les salis. »* Pour les 50 ans de Laurent, la famille au grand complet se retrouve chez Miocque, une institution deauvillaise. Alors que Serge se lance dans un discours dans lequel il rabaisse férocement son fils, un invité se penche vers Nicole : *« Il y va fort quand-même ! »* Réponse de la mère : *« Il est en dessous de la vérité. »*

Le numéro trois, Thierry, a vite adopté un comportement de retrait, comme pour éviter les flèches. Et il n'y a vraiment que la benjamine, Marie-Hélène, de quinze ans plus jeune qu'Olivier, qui échappe aux remarques désobligeantes, à la fois parce qu'elle est la petite dernière et aussi sans doute parce que les filles, dans le milieu militaro-industriel, ne comptent pas vraiment.

Lorsqu'il lui revient aux oreilles que ses fils se plaignent de son comportement, le patriarche s'agace : *« Oh, ça va, hein, ils ont tout ! »* Et c'est vrai qu'ils vivent dans l'opulence, de restaurants étoilés en palaces, entretenant une écurie pour le polo et collectionnant des œuvres d'art. Le père, lui, vit comme un bon bourgeois de province. Lorsque les visiteurs viennent dîner chez Serge et Nicole Dassault, ils ont du mal à croire qu'ils sont chez un patron multimilliardaire qui présente chaque année ses vœux aux lecteurs du *Figaro*, le journal dont son groupe est le principal actionnaire, en signant une diatribe contre la politique fiscale en France. Chez eux, boulevard Suchet, aucun signe extérieur de richesse. Rien qui signale leur fortune. Mme Dassault utilise bien une voiture avec chauffeur, mais elle peut tout autant aller acheter elle-même un paquet de lessive à la supérette du coin.

Serge est un homme pétri de paradoxes. Ingénieur de très haut niveau, c'est lui qui a développé ces avions d'affaires supersoniques au formidable succès, notamment aux États-Unis. Mais c'est un cartésien cédant parfois à l'irrationnel. Un polytechnicien doué pour les sciences dures qui a néanmoins gardé jusqu'à sa mort le goût des porte-bonheur, comme ce trèfle à quatre feuilles qu'il conservait toujours sur lui. Déjà, son père Marcel Dassault, cette légende de l'aviation, en gardait un, séché, dans son portefeuille. Olivier en avait un également. Ce talisman ne lui aura guère porté chance.

Le 21 novembre 2011, Serge Dassault se laisse filmer par les caméras de Mireille Dumas, la grande spécialiste des confessions intimes, devant des millions de téléspectateurs. Les quatre enfants ont préparé avec soin ce reportage au sein de la famille, mais seuls les deux aînés ont eu l'autorisation d'être filmés dans les locaux du groupe et à proximité de Serge. Le soir de la diffusion du documentaire sur France 3, ils sont tous devant leur téléviseur comme s'ils attendaient un oracle. Justement voilà que Serge Dassault lâche à l'écran, en parlant de ses héritiers : « *Ils sont tous actionnaires et il faudra qu'ils s'entendent pour choisir un président qui ne sera pas forcément un Dassault.* » Puis il poursuit comme s'il examinait les curriculum vitae de chacun : « *Il faut d'abord quelqu'un de compétent. Olivier a fait l'école de l'air, les autres n'ont rien fait d'intéressant,* cingle-t-il. *Ou du moins pas d'études techniques.* » Et enfin, il paraît rendre son verdict en faveur de l'aîné : « *Sa façon de bien parler, sa connaissance des avions font qu'il est plus apte que les autres...* » Olivier jubile. Le lendemain, alors qu'il retrouve son père lors d'un déjeuner avec des journalistes, il glisse tout haut : « *Acceptes-tu que le dauphin s'asseye à tes côtés ?* » Sa joie est de courte durée. Dans les quarante-huit heures, Serge Dassault publie un communiqué affirmant que la succession n'est pas ouverte... Une douche froide.

« *C'est une famille où les pères ont tué les fils* », constate un ancien ministre de l'Économie.

De son vivant, Serge avait mis en place un comité des sages. Y figurait le directeur général du groupe Dassault, Charles Edelstenne. Avec sa moustache d'acteur d'avant-guerre, il a longtemps été l'homme clé de l'entreprise. Le comité était également composé de Philippe Hustache, l'ancien directeur financier du groupe industriel, et de Gérard Limat, expert-comptable devenu en trente ans homme de confiance de Serge, et qui arrivait parfois de Suisse spécialement pour le déjeuner. Parmi les convives figuraient encore le notaire de la famille Dassault, Bernard Monassier, un spécialiste des grandes fortunes, ainsi que l'ancien patron du Medef Denis Kessler, grand spécialiste du capitalisme familial et fin lecteur de Shakespeare et de ces dynasties qui se déchirent, du *Roi Lear* à *Richard III.* Depuis 2008, on y compte aussi Henri Proglio, l'ancien président de Veolia.

Lorsque Serge est mort, c'est ce comité qui a décidé qu'Edelstenne continuerait à diriger le groupe et que la holding familiale serait présidée tour à tour par chacun des enfants. Mais ceux-là continuent de se détester. C'est une véritable tragicomédie que les journalistes du *Figaro,* les syndicalistes des usines et les hauts cadres du groupe racontent volontiers à qui veut les entendre. Lorsque l'épouse de Laurent, Martine, est décédée, Thierry ne s'est pas rendu à ses obsèques. Alors que son frère lui reprochait vivement son absence, il lui a rétorqué : « *Je ne viendrai pas non plus à ton enterrement !* » Ambiance.

Jusque-là, Olivier jouait de son droit d'aînesse pour

calmer les dissensions. Et voilà qu'il a disparu à son tour... Son décès a définitivement réglé le rêve – ou le cauchemar – d'un successeur issu de la famille. Le comité des sages présidé par Henri Proglio n'a pas eu de difficulté à désigner Éric Trappier, PDG de Dassault Aviation, qui succédera à Charles Edelstenne le jour des 87 ans de ce dernier le 9 janvier 2025.

Au sein de la holding familiale, plutôt que sa veuve, c'est la fille d'Olivier, Héléna, diplômée de l'Institut supérieur de gestion et née d'un premier mariage, qui a pris la place de son père. Charles Edelstenne s'est chargé de l'initier. Les héritiers se sont partagé les conseils d'administration du groupe. Thierry et Marie-Hélène siègent au sein du CA de Dassault Aviation. Catherine, l'épouse de Thierry, et Marie-Hélène, au sein du CA de Dassault Système. Laurent, Thierry mais aussi son fils Vincent et Aurélie, la fille de Marie-Hélène, s'occupent de l'administration de la branche immobilière du groupe. Thierry et Marie-Hélène sont au conseil d'Artcurial. Enfin, Thierry et Benoît Habert siègent au sein de celui du *Figaro*, en compagnie de Charles Edelstenne et Rudi Roussillon.

Laurent Dassault, qui se présente parfois à l'étranger comme s'il était le patron de l'entreprise familiale, aurait voulu être davantage reconnu. Thierry et son épouse ainsi que Marie-Hélène et son mari s'arrangent entre eux pour le tenir à l'écart, craignant ses déclarations intempestives autant que ses conquêtes amoureuses ! Mis sur la touche, Laurent se contente de jouer au polo et de financer de temps à autre un film dans lequel il réclame un petit rôle de figuration.

Parmi les treize petits-enfants, plusieurs ont fait des « stages découverte » au sein du groupe, cornaqués par Charles Edelstenne, Philippe Hustache et Gérard Limat. Il n'y a cependant aucun ingénieur spécialiste d'aéronautique dans cette quatrième génération, comme l'étaient Marcel et Serge. Certains ont opté pour la finance, d'autres investissent dans des start-up. Personne ne semble intéressé par les avions, les vignobles, ni même la presse. S'accorderont-ils pour vendre *Le Figaro* ? À Vincent Bolloré ? La rumeur était si vive, en 2021, que Charles Edelstenne s'est fendu d'une lettre à l'attention des collaborateurs du journal, le 28 novembre 2021, pour démentir ces « fake news » et assurer : « Le Figaro *fait partie de notre groupe et y restera.* » Les connaisseurs de l'industrie militaro-industrielle, d'ailleurs, ne croient pas à une éventuelle vente : *« Un groupe comme Dassault qui vend des avions militaires notamment grâce à la commande publique a besoin d'avoir un petit pistolet pointé sur l'État »*, souligne l'un d'eux.

Les ministres de l'Économie qui se succèdent protègent le groupe, sans pour autant traiter avec les héritiers, dont chacun a compris qu'ils ne pesaient guère. *« Les Dassault, c'est une histoire qui commence par une famille et qui finit avec des administrateurs »*, souffle un ancien ministre.

Au rond-point des Champs-Élysées, dans ce splendide hôtel de cocotte un peu vieillot décoré de toiles de maître, qui abrite la direction du groupe, se trouve toujours le bureau qu'occupait autrefois Serge Dassault. Il est resté intact, tel que le patriarche l'avait fait décorer. Aucun de ses enfants ne s'y sera installé.

2.

Les Leclerc

« Tu me prends tout ! »

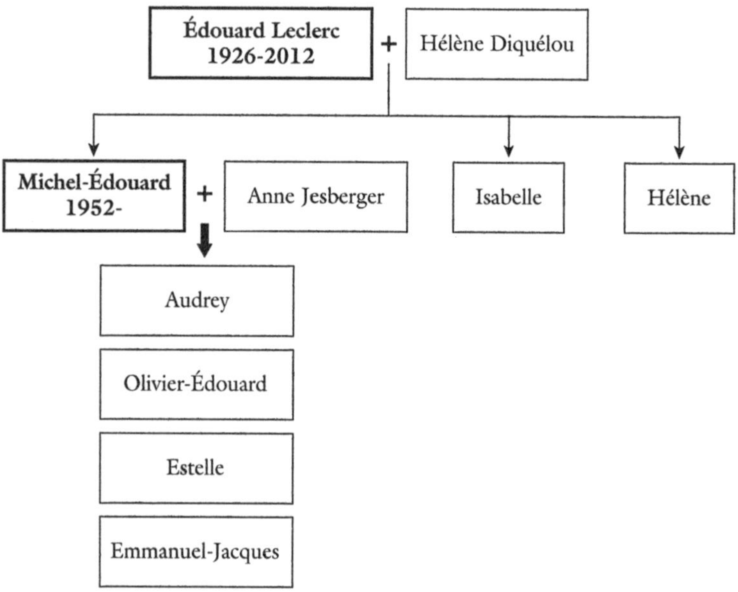

Édouard Leclerc
1926-2012
Hélène Diquélou
Michel-Édouard
1952-
Anne Jesberger
Isabelle
Hélène
Audrey
Olivier-Édouard
Estelle
Emmanuel-Jacques

Michel-Édouard Leclerc n'a aucun souvenir des dates. Il a une explication à cette curieuse amnésie : il déteste se retourner sur le passé, ne s'attarde guère sur le présent, ne pense qu'à l'après. Ainsi, il a du mal à situer exactement cette journée particulière où sa famille s'est figée dans l'effroi. Il hésite entre 2002 et 2003, à moins que ça ne remonte à plus loin.

MEL, comme on l'appelle dans le monde de la grande distribution dont il est la tête de gondole, vit alors à Paris où il travaille sans relâche pour l'enseigne créée par son père Édouard Leclerc (754 magasins en France, 165 000 employés). Mais le week-end, il essaie le plus souvent possible d'aller à Landerneau, dans le Finistère, pour rendre visite à ses parents, Hélène et Édouard. Ce dernier est un drôle de personnage : entrepreneur de génie, batailleur, prédicateur, il est doté d'un caractère peu commun. Son fils garde de lui l'image d'un personnage mouvant : « *Tantôt solitaire, tantôt hyperactif, passant d'un air rêveur, inspiré, effacé, à une générosité excessive dans le dialogue et la sociabilité.* » Édouard Leclerc, c'est un tempérament et une gueule aussi, un Lino Ventura tout à la fois bougon et hâbleur, affable et attentif, qui ne montre jamais un signe de fatigue. Depuis qu'au début des années 2000 il a fait *« un gros burn out »*, selon les termes de son fils, il manifeste manifestement des signes de faiblesse. *« Son corps flanchait parfois. Personne sauf ma mère ne s'en inquiétait »*, se remémore Michel-Édouard. Il affiche aussi des marques de mélancolie, des difficultés de concentration. Connu pour son sens du récit et ses envolées lyriques dont les journalistes ont raffolé pendant des décennies, le voilà à la peine.

Ce jour-là, dans leur fief familial breton, Édouard, Hélène et leur fils Michel-Édouard déjeunent, comme ils en ont l'habitude, devant le journal télévisé de Jean-Pierre Pernaut sur TF1. Au milieu d'un reportage consacré à la maladie d'Alzheimer, le patriarche bondit de son fauteuil en désignant du doigt le poste de télévision : *« C'est ça, c'est ce que j'ai, pourquoi on ne me le dit pas ? »* hurle-t-il. L'épouse et le fils sont pétrifiés. S'ensuivent de longues années de souffrance où l'ancien patron pique des colères épouvantables et enrage du sentiment d'impuissance face à la maladie qui le saisit. La mère et le fils tentent de le protéger de lui-même, cachent son portable, ses clés de voiture, mais il arrive qu'il s'échappe, fugue, réponde à des sollicitations, se fasse piéger. *« Il n'avait plus de discours lucide*, se souvient le fils. *Il partait dans la forêt et on le retrouvait le matin, c'était des appels au secours.* » Édouard Leclerc mourra en 2012 d'un arrêt du cœur.

De cette longue période où il a vu son père décliner, MEL a développé une profonde angoisse de mort, une phobie du vieillissement et un curieux syndrome de Peter Pan. « *J'ai la hantise d'avoir la même maladie que mon père, de finir comme lui* », confie-t-il sans fard. Chaque année, le Mouvement Leclerc donne plus d'un million d'euros à la Fondation pour la recherche sur Alzheimer.

Michel-Édouard Leclerc n'est plus un jeune homme, mais à 72 ans il cultive une allure d'adolescent, cheveux noirs lustrés, jeans, baskets et sac à dos porté avec détachement sur une seule épaule. Quand on le retrouve au Centre Georges-Pompidou ce 28 mai 2024 en fin d'après-midi, il est dans son élément, au milieu de centaines de planches de bandes dessinées. Depuis des années, cet ancien sponsor du Festival de la bande dessinée à Angoulême achète et collectionne des milliers de pièces. Cette gigantesque exposition à Beaubourg est donc un peu la sienne : le tiers des œuvres exposées, c'est lui qui les a acquises. « *Je fais partie d'un réseau informel de soutien à cet art* », martèle-t-il, visiblement soucieux de montrer qu'il n'est pas qu'un simple vendeur de boîtes de conserves et de produits ménagers comme son père, surnommé « l'épicier de Landerneau ». « *Je suis un Tarzan ou un Mowgli,* se décrit-il bizarrement. *Pour fédérer des commerçants, il ne faut pas être un commerçant.* »

Dans le petit univers de la bande dessinée, tout le monde le connaît et il connaît tout le monde, bondit d'un groupe à l'autre, tel un Marsupilami. Cet homme au tutoiement facile, bavard au point d'empêcher son interlocuteur d'en placer une, jubile. Ce jour-là, les grands de la BD sont venus pour l'occasion, d'Art Spiegelman à Philippe Druillet. Au milieu d'une foule d'invités, artistes, collectionneurs, galeristes, ses quatre enfants trentenaires, Audrey, Estelle, Olivier et Emmanuel, ont tenu à être à ses côtés. Ils ont passé leur enfance en Dordogne avec la première épouse de MEL, Anne, qui avait choisi d'élever des moutons, et fuient les médias autant que leur père en raffole.

Michel-Édouard Leclerc nous avait déjà donné le même sentiment d'un grand enfant lorsqu'on l'avait rencontré dans son vaste bureau d'Ivry-sur-Seine, au siège du Mouvement, quelques semaines auparavant. Une véritable caverne d'Ali Baba, bric-à-brac de somptueuses maquettes de bateaux, de gadgets au logo de la chaîne de supermarchés, de reproductions de Picasso ou de Giacometti et d'affiches du Tour de France, de pochettes de disques de Louis Bertignac ou de Nolwenn Leroy, de figurines de personnages de BD et d'un Toblerone géant à son nom. Un éclectisme qui raconte l'homme qu'il est, le Breton, le VRP de l'entreprise familiale, l'homme-enfant adepte du name-dropping qui truffe chaque phrase de noms célèbres ou de références culturelles. « *Je suis un ado pas fini* », résume-t-il, hilare. Le septuagénaire affiche une forme éblouissante entretenue par une alimentation stricte et une pratique régulière du sport. Depuis plus de quarante-cinq ans, il occupe le terrain économique et médiatique. Six présidents de la République et vingt-cinq ministres de l'Économie sont passés et il est toujours là, à marteler son message sur les bas prix et la défense du pouvoir d'achat. Increvable Michel-Édouard Leclerc qui lâche, direct : *« J'ai encore la capacité de convaincre, d'organiser, j'en ai encore dix ans sous le pied. »* Et tant que l'enseigne affiche comme son porte-drapeau une santé insolente, qui irait le déboulonner ? Avec un chiffre d'affaires de 46,6 milliards d'euros (hors carburant) pour 2023, elle se place en leader de la grande distribution en France, devant Carrefour, Auchan et autres Casino.

Depuis de nombreuses années, MEL est « le patron préféré des Français ». Le hic, c'est qu'il n'est pas vraiment un patron. Il n'en a aucun des attributs. L'enseigne ne lui appartient pas, il n'y exerce même plus de fonction exécutive, ne dirige ni ne commande et n'est propriétaire d'aucun magasin. Son rôle est à la fois celui de super communicant, de porte-voix, de lobbyiste et de stratège. Leclerc appartient à ses « adhérents », souvent très fortunés, qui sont regroupés au niveau local puis régional et national dans un système d'organisation très pyramidal.

MEL n'est donc pas un héritier au sens où on l'entend habituellement dans le monde des affaires. Son père ne lui a pas transmis d'entreprise, mais un nom, un savoir-faire, une culture, qui lui ont permis de se rendre indispensable à cette puissante coopérative qui se félicite chaque jour d'avoir une bête médiatique toujours prête à donner de sa personne sur les plateaux télévisés, dans les colonnes des journaux et sur les ondes des radios.

Pour comprendre cette spécificité, il faut remonter quelques décennies et se plonger dans ce Finistère pauvre et catholique de l'après-guerre. À Landerneau, les Leclerc ne sont pas des inconnus, ils font déjà figure de petits-bourgeois. Dans les années 30, le grand-père de Michel-Édouard, Eugène Leclerc, a été instituteur et agriculteur, mais c'est surtout un passionné de politique et un membre important du mouvement d'extrême droite des Croix-de-Feu du colonel de La Rocque. Avec sa femme Marie, il donne naissance à quinze enfants dont treize atteignent l'âge adulte. Les aînés entrent dans les ordres, pas Édouard, le sixième de cette grande fratrie, né le 20 novembre 1926 à Landerneau.

Envoyé comme ses frères au séminaire à l'âge de 20 ans, il tombe la soutane pour vivre d'autres aventures. Il a l'idée géniale de vendre des marchandises sans intermédiaire, en réduisant les marges et les coûts de fonctionnement. Il commence dans la salle à manger de la maison familiale en proposant des galettes bretonnes 30 % moins chères que celles de ses concurrents. Son truc : aller directement s'approvisionner chez le producteur pour avantager le consommateur. Très vite, il ouvre un hangar qu'il construit lui-même. Sa femme Hélène, rencontrée à l'école, tient la caisse pendant qu'il part avec sa fourgonnette à la recherche de nouvelles denrées à vendre à prix cassés. Le succès est rapide. En 1960, on compte une soixantaine de magasins Leclerc en France, six ans plus tard, il y en a quatre cent quarante et un.

La presse s'intéresse à cet épicier pas comme les autres qui parle à la manière d'un curé, fait de véritables sermons, se comporte en évangélisateur en parcourant l'Hexagone pour défendre une vision sociale du commerce : baisser le coût de la vie pour des populations encore fragilisées par la guerre. Il est surnommé le « saint Sébastien de la distribution ». Le pouvoir gaulliste s'intéresse à lui, il est même reçu à l'Élysée à plusieurs reprises par le général de Gaulle. Un homme qui fait baisser les prix quand une grande partie de la population peine à joindre les deux bouts, quelle bénédiction pour le pouvoir en place ! En 1960, il obtient un décret qui instaure la libre concurrence et empêche les refus de vente. Une victoire pour le « Zorro de la baisse », qui se fait également beaucoup d'ennemis : des commerçants qui sont contraints de baisser le rideau, les grossistes qu'il court-circuite, mais surtout les lobbies auxquels il s'attaque pour briser les monopoles. *« Dès que je touche à un produit, tout le monde pleure »*, s'amuse-t-il dans un entretien à *Paris Match* en 1983.

Édouard Leclerc aime la bagarre, c'est sa guerre à lui, qui a été trop jeune pour porter l'uniforme. Quand des manifestants le prennent à partie, quand des pavés brisent les vitres de la maison familiale pour atterrir dans le salon, il hurle, jure, mais repart à l'attaque. Rien ne l'arrête. *« C'était un père allumé, un peu voyou, un héros de roman, un conquérant à la Malraux. Il multipliait les coups d'éclat pour se faire remarquer »*, dit de lui son fils Michel-Édouard, avec, encore, un éclair de fascination dans le regard.

Édouard est la cible du mouvement poujadiste qui prend la défense des petits commerçants, et se laisse, un moment, tenter par la politique. On le retrouve ainsi candidat pour le Front progressiste à Brest en 1973, puis il lance un éphémère Mouvement européen économique et social en 1977. Mais ce n'est pas son truc. Gérer ne l'intéresse pas davantage. D'ailleurs, il ne gardera pas les magasins qu'il possède.

Ce dont il raffole, c'est convertir, propager ses idées, renverser les citadelles réputées imprenables. *« J'aurais pu être pape ou ce que je suis »*, a affirmé un jour dans un reportage télévisé cet homme à l'ego surdimensionné qui a remis en question à lui seul des siècles d'organisation commerciale.

Son combat, il le mène tout autant sur le terrain que devant les tribunaux. Il totalisera 4 000 procès au cours de sa vie, essentiellement contre des marques qui refusent de lui vendre leurs produits. Il en gagne, il en perd, peu importe. À chaque procès, celui que son fils décrit comme un *« beau mec, séducteur »*, communique dans les médias, met de son côté les consommateurs contre les ennemis du peuple, attire toujours plus de monde dans les magasins de l'enseigne. Sa devise : « Marche ou crève ». *« Mon père se sentait mal aimé par ses parents, il avait un grand besoin de reconnaissance,* analyse MEL avec son débit rapide. *C'était un homme blessé qui avait besoin de bouger dans tous les sens pour se faire remarquer. »*

Édouard met en place un système de coopérative ingénieux. Pour obtenir la précieuse franchise, les futurs adhérents doivent aller voir le « parrain » à Landerneau. Afin d'avoir l'autorisation d'ouvrir un centre Leclerc, il faut s'engager à vendre au plus bas. Chacun ensuite est libre de choisir ses produits, de décorer son espace comme il l'entend et même de décider de sa politique salariale. Seule contrainte : se limiter à la possession de deux supermarchés, manière d'éviter que certains barons locaux ne deviennent trop puissants. Les adhérents se regroupent très vite en centrales d'achat pour faire baisser les prix, une organisation qui reste encore aujourd'hui très contestée par les producteurs et notamment par les agriculteurs. En 1959, ils se dotent également d'un outil de gouvernance : l'Association des centres distributeurs Leclerc (ACDLec), qui veille au respect du règlement intérieur et donne les agréments pour ceux qui souhaitent créer un nouveau magasin.

Avec l'explosion de la consommation de masse dans les années 70, le système Leclerc devient un rouleau compresseur. *« La réussite de mes parents était improbable. Ils voulaient démontrer qu'un autre système économique était viable, écarter les bouffeurs de marges, les semi-grossistes, les grossistes »*, s'esbaudit MEL avec le même enthousiasme qu'il met dans tous les sujets qu'il aborde.

L'hyperactivité d'Édouard et son côté frondeur lui attirent de profondes détestations. Des centres Leclerc en construction sont la cible d'incendies criminels, des directeurs de magasins sont séquestrés, de véritables commandos se mettent en place pour attaquer les grandes surfaces, des lâchers de souris sont organisés pour décourager les clients.

En 1975, ses adversaires exploitent une faille, un secret bien gardé : Édouard a fait six mois de prison après la guerre. Il a été condamné pour avoir donné des renseignements à la Gestapo qui auraient conduit à l'arrestation de plusieurs membres de la Résistance. Ses parents se mobilisent pour le sortir de là. Il est libéré après avoir été déclaré « irresponsable ». La famille l'envoie alors au séminaire pour le faire oublier un temps. Cette sale histoire, qu'il pensait enterrée, Édouard Leclerc la voit imprimée sur des tracts anonymes diffusés un peu partout en France. Il porte plainte. À quatre reprises, la justice juge diffamatoires les accusations dont il est l'objet.

Mais le prophète de la grande distribution n'en a pas fini avec les ennuis. C'est du côté de sa propre famille désormais que les problèmes s'accumulent. Au sein de la fratrie Leclerc, l'ambiance est depuis longtemps assez délétère. L'activisme d'Édouard a fait des émules parmi ses frères, et l'évangélisateur ne supporte pas la concurrence. *« Mes oncles ne s'entendaient pas entre eux »*, reconnaît MEL. Son cousin Patrick, actuel maire de Landerneau, qu'il a connu et apprécié sur le tard puisque leurs pères ne se parlaient pas, se souvient de l'atmosphère des retrouvailles familiales, à couteaux tirés : *« Les plans de table étaient compliqués pour les mariages. On était obligé de séparer les frères. »* L'un d'eux, Paul, a lui aussi ouvert une épicerie à Landerneau, mais quand le petit dernier, Michel, se lance à son tour dans le commerce, c'en est trop pour Édouard.

Il faut dire que si celui-ci fait figure d'« illuminé », Michel n'est pas mal non plus dans son genre. Lorsqu'il vient nous voir de Dreux où il vit, cet homme corpulent de 86 ans, engoncé dans son costume bleu, les joues rouges, n'arrive pas les mains vides : il a tenu à nous confier sa dernière « découverte », une *« machine conçue pour guérir les principales maladies par la gestion des flux magnétiques, qui évitera 200 000 morts par an et économisera 100 milliards à la Sécurité sociale »*.

Depuis son plus jeune âge, Michel – le dernier frère d'Édouard encore vivant – ne manque pas d'idées originales, voire farfelues, comme la vente d'ULM porte-roquettes au rabais. Biberonné à l'aventure Leclerc, il a passé sa jeunesse dans les cartons de marchandises à remplir des bidons d'huile ou à remuer le chocolat à la pelle pour son aîné qu'il vénère. Il veut faire partie de l'expansion et part s'occuper de supermarchés dans la région toulousaine. Mais, il l'admet aujourd'hui bien volontiers, il n'est pas doué en affaires, fait faillite à de nombreuses reprises et se retrouve même plusieurs fois derrière les barreaux. Édouard le lui reproche. Réponse cinglante du petit frère : *« Je n'irai jamais autant en prison que toi ! » « Il m'en a voulu d'avoir fait faillite, mais c'est moi qui aurais dû lui en vouloir : il aidait tout le monde, sauf moi ! »* se souvient-il.

Prenant acte de la rupture avec son frère, Michel décide alors de se lancer à son compte. Il tente sa chance dans toutes sortes de secteurs :

les crèches bilingues, les auto-écoles, le funéraire enfin. À l'image d'Édouard, il s'attaque en 1981 au monopole des pompes funèbres et surtout lance ses propres stations essence. Son aîné enrage. Pendant un temps, le linge sale se lave en famille, mais le fondateur ne supporte plus de voir le nom de son frère associé au sien. Avec son fils, il poursuit en justice ce cadet qui le dérange, pour l'empêcher d'utiliser le nom de Leclerc. Les journaux télévisés se délectent de cette guerre de l'essence qu'ils illustrent par la musique de *Dallas*, le feuilleton américain en vogue en ce début des années 80 qui met en scène la rivalité entre deux frères producteurs de pétrole, les texans JR et Bobby Ewing.

Édouard gagne le bras de fer judiciaire. Dans un arrêt rendu le 28 mars 1985, Michel Leclerc n'a plus le droit d'utiliser le patronyme. Paul, qui a ouvert sa propre épicerie à Landerneau, non plus : il doit repeindre sa façade au nom d'« Épicerie Paul Leclerc ». Michel, lui, doit enlever le « L » de son entreprise de pompes funèbres Roc Eclerc et il rebaptise ses stations-services Emir. *« Ça m'a fait de la peine. Il a réagi comme si le nom de la famille lui appartenait à lui seul,* commente-t-il. *À partir du procès on s'est passé un coup de fil de temps en temps, mais ce n'était plus le grand amour. »*

C'est à cette période que MEL, né Michel Marie, change de prénom à l'état civil pour s'appeler Michel-Édouard. Celui que les pouvoirs publics considèrent comme un bonimenteur livre plusieurs versions de cette modification d'identité. Une fois, il dit avoir accolé Édouard à son prénom pour éviter qu'on ne le confonde avec son oncle sulfureux ; une autre, que c'était une façon de faire taire les mauvaises langues cherchant à diviser le père et le fils ; une troisième, qu'il s'agissait de rendre un hommage à son père déclinant. « *Ce changement de nom m'arrangeait par rapport à mon oncle, mais c'était surtout un moyen de dire à mon père : "Je prolonge ton nom"* », nous dit-il quand on le rencontre à son siège d'Ivry. Et d'ajouter, comme pour devancer notre question suivante : « *Je ne voulais pas ÊTRE Édouard !* » Selon une autre hypothèse, en effet, il aurait cherché un moyen d'asseoir un peu plus sa légitimité au sein du Mouvement.

Car Michel – qui ne s'appelle pas encore Michel-Édouard – est entré dans l'enseigne depuis un moment déjà, en mai 1978, à la veille de ses 26 ans. Il a commencé « *sur le carrelage* », comme on le dit chez Leclerc, c'est-à-dire sans passe-droits, en contrat d'intérim, en tant qu'acheteur. Il est ensuite chargé de développer une société d'importation dans le but d'approvisionner directement les centres Leclerc en carburant. Son père n'a pas du tout en tête de le voir lui succéder : « *Ce n'est pas chez nous ici, ce n'est pas notre entreprise* », lui répète-t-il sans cesse. Il envisage à cette époque un autre dispositif pour sa suite : choisir l'adhérent qui récoltera le plus de suffrages de ses pairs.

Le jeune Michel n'avait pas non plus signé pour un tel destin. Il est certes imbibé de l'épopée paternelle, a grandi dans l'effervescence des combats d'Édouard, a été shooté à la politique et au goût du débat depuis son plus jeune âge. Mais, en comparaison avec son père, il fait figure d'intellectuel. Après avoir été envoyé dans un pensionnat de jésuites à l'âge de 11 ans, il a quitté la Bretagne pour Paris et étudie l'économie et la philosophie à la Sorbonne. Il assiste aux conférences de Vladimir Jankélévitch ou de Michel Serres, lit Joseph Kessel et Jack London, a des rêves de Tintin reporter. Il fait des piges pour *Libération, Que choisir,* mais aussi pour le journal des Amis de la Terre. Il rencontre alors l'écologiste Brice Lalonde et se revendique rocardien de centre gauche.

C'est donc avec une maîtrise de philo en poche et l'année de la soutenance de sa thèse en économie qu'il se retrouve embarqué dans l'aventure Leclerc. André Jaud, propriétaire de magasins à Laval et bras droit d'Édouard, a besoin de ce fils à la tête bien faite pour monter un gros coup : vendre de l'essence moins chère dans tous les établissements de l'enseigne. Cette bataille du carburant, longue et âpre, lui fait gagner ses galons et l'impose aux côtés de ce père aussi exigeant qu'imprévisible.

Pendant dix-sept ans, le père et le fils travaillent ensemble. En 1988, Michel-Édouard est élu vice-président de l'ACDLec avant d'en devenir le président en 2005 à la place de son père malade.

En public, père et fils sont toujours sur la même ligne, main dans la main. En privé, les relations sont beaucoup plus compliquées. *« Avec lui, c'était "je t'aime, moi non plus"*, se souvient MEL. *Il était content de nos victoires, mais il aurait voulu les faire seul. Il était fier que j'aie le même côté canaille que lui, mais sans jamais le dire.* » Édouard supporte mal de voir son fils lui voler petit à petit la vedette. L'époque a changé et les journalistes ne se déplacent plus à Landerneau pour écouter les saillies foutraques du père Édouard comme Pierre Desgraupes l'avait fait en 1959, au temps de l'ORTF, avec *Cinq colonnes à la une.* C'est à Paris que tout se passe désormais et il faut s'adapter. MEL a la plasticité qui colle parfaitement à la multiplication des canaux d'information. Le père a vite compris que la gourmandise du fils pour les micros et les caméras allait le pousser à la retraite. « *Au début, j'étais son remplaçant. À un moment donné, par effet de caste, les ministres et les journalistes ont préféré me parler à moi qui suis universitaire,* raconte le fils. *Quand François-Henri de Virieu m'a choisi à sa place pour faire l'émission* L'Heure de vérité, *mon père ne l'a pas bien pris. Ça lui a fait tout drôle aussi que je prenne son nom, il disait que je voulais le lui voler !* » Le nom, encore et toujours ! Que de disputes, d'incompréhensions et de souffrances autour d'un patronyme et de prénoms pourtant si communs…

Édouard ne cache pas son exaspération à l'égard de ce fils envahissant : « *On s'est cognés,* admet MEL. *Mon père avait envie d'être crédité de ses idées et le système le traitait en marginal. Ce n'est pas facile d'être le fils du père, mais être le père du fils ne l'était pas non plus.* » L'affrontement de ces deux personnalités narcissiques devient explosif avec la progression de l'Alzheimer d'Édouard : « *Il était envahi de manifestations violentes internes et externes. Les dix dernières années, lorsqu'il passait à la télévision, on ne comprenait plus rien de ce qu'il disait. Plus il se sentait empêché, plus nos relations se détérioraient.* » Au point qu'ils ne se parlent quasiment plus.

Sous l'ère MEL, l'enseigne n'a néanmoins rien perdu de sa superbe. Après l'essence, il a continué à s'attaquer à des monopoles comme la vente en pharmacie des produits de parapharmacie, en 1991. Il a également poursuivi la stratégie de diversification, avec les voyages, les cosmétiques, les bijoux et les espaces culturels Leclerc, qui seront longtemps sous la responsabilité de sa jeune sœur Isabelle – l'autre, Hélène, n'ayant jamais exercé au sein de l'enseigne. S'il n'a pas les outrances de son père, Michel-Édouard cultive la même culture de la provocation (*« Je vais casser la gueule à l'inflation ! »*) et des coups d'éclat.

Exister à tout prix semble être profondément inscrit dans les gènes de la famille. Avec ses trois interventions médiatiques par jour en moyenne, il sature l'espace, reléguant ses concurrents des autres enseignes aux seconds rôles. Radio, télé, presse écrite, réseaux sociaux, blog « De quoi je me M.E.L. », rien ne l'effraye. Quand il ne communique pas directement sur le groupe, MEL poste sur Instagram des photos des expositions qu'il subventionne, de ses rencontres avec des artistes ou des écrivains, d'un événement au Fonds Hélène et Édouard Leclerc de Landerneau, des selfies sur le Tour de France que Leclerc sponsorise et où il distribue des goodies. *« La communication m'a révélé »*, note-t-il dans un grand sourire, toujours aimable. En juin 2024, il donnait ainsi à voir ciel bleu, catamaran géant et mouettes, des clichés d'un séminaire réunissant quelques collaborateurs à la mine réjouie : quelle bonne publicité pour l'enseigne ! Comme son père, il est doté d'un ego surdimensionné : *« Mon électorat, c'est 18 millions de personnes qui viennent faire leurs courses chez moi »*, balance-t-il en janvier 2022 aux élus médusés à l'occasion d'une audition au Sénat au sujet de l'inflation. Comme son père encore, il est très contesté dans le milieu économique. *« Il n'est pas fiable, il surfe sur l'air du temps, il parle beaucoup, mais dit souvent n'importe quoi,* tonne un ancien ministre de l'Économie. *Il ne veut jamais être d'accord avec le gouvernement quel qu'il soit. Il ne roule que pour lui, pour les intérêts du groupe Leclerc. » « C'est un jésuite formé à défendre avant tout ses intérêts,* appuie un concurrent. *Un populiste qui caresse les gens dans le sens du poil et sans cesse tire la couverture à lui. »*

Les critiques semblent glisser sur l'homme : *« J'ai fait quinze ans d'arts martiaux, ça m'a appris l'agilité. Quand les coups pleuvent, je me roule en boule sur moi-même et rien ne m'atteint »*, assure-t-il. Que pèsent, en effet, pour celui qui s'est toujours défini comme un rebelle à l'instar de son père, les admonestations de son milieu alors que les Français l'adorent ? MEL incarne le patron cash et cool, qui n'a pas de chauffeur ni de jet privé, fait ses courses au supermarché en poussant son caddie, discute avec tous ceux qui l'abordent et ne refuse jamais un selfie.

Il est omniprésent, si bien qu'il est devenu difficile d'imaginer que l'enseigne continue à caracoler en tête sans lui. Il n'a pas échappé aux adhérents qu'il fallait absolument préserver la marque Leclerc, dans l'éventualité où le Mouvement serait dirigé par un patron extérieur à la famille. Pour le protéger, au début des années 2000, celle-ci a décidé de revendre aux adhérents le nom Leclerc et ses dérivés pour 120 millions d'euros. Une coquette somme qui a permis à Michel-Édouard et ses deux sœurs de se constituer un joli patrimoine. Mais désormais, même leur nom, qui a fait l'objet d'aussi âpres conflits au sein de la famille, ne leur appartient plus…

Depuis 2015, MEL prépare doucement sa sortie. Il a mis en place une nouvelle gouvernance composée de trois coprésidents, un triumvirat prévu pour le remplacer en cas de disparition brutale. Mais pour les patrons de magasins, le grand public et les médias, ce changement d'organisation n'a aucune incidence : tant qu'il est là et occupe le terrain, il est vu par tous comme le véritable patron. Ça l'arrange bien, lui qui n'a aucune envie de décrocher : « *Tant que je peux être utile pour la marque, je continuerai.* » C'est que les centres Leclerc semblent avoir envahi toute sa vie. Il y compte la plupart de ses amis. Pour son mariage à Tahiti avec sa deuxième épouse Natalia, d'origine russe, il a choisi son directeur des affaires publiques et le mari de ce dernier comme témoins. À chaque fin d'été, il les invite dans sa maison de Trégunc en Bretagne avec d'autres adhérents. La petite troupe parle boulot et profite des derniers beaux jours à la plage avec glacière et parasols, dans un drôle de mélange des genres.

L'entreprise Leclerc se portera-t-elle aussi bien lorsque MEL ne sera plus là pour l'incarner ? *« Quand il arrêtera ce sera une perte incroyable »*, concède Nathalie Bordais, qui a racheté à ses propres parents le centre de Concarneau. Avant de nuancer : *« Nous avons l'habitude de travailler en collectif, nous sommes assez solides pour surmonter l'absence d'un Leclerc à la tête du mouvement. »*

Une relève familiale est envisageable. Deux des quatre enfants de Michel-Édouard ont fait le choix d'intégrer le Mouvement, au sein duquel ils avancent en toute discrétion. Audrey travaille au siège du groupe et s'occupe notamment du dossier de la décarbonation. Son frère Olivier a commencé au bas de l'échelle. *« Il est dans l'apprentissage, il aimerait bien reprendre un magasin »*, glisse son père. On n'en saura guère plus. Aucun des représentants de la troisième génération ne souhaite s'exprimer. S'appeler Leclerc n'est pas un sésame pour entrer dans le Mouvement. *« Ce n'est une valeur ajoutée qu'à condition que le Leclerc soit bon »*, insiste le porte-voix de l'enseigne. S'ils souhaitent la rejoindre ou y progresser, ils devront respecter les règles communes et se plier au parcours imposé à tous les enfants d'adhérents. Avoir l'air de les pousser pourrait être totalement contre-productif, et ça, MEL l'a bien compris. *« Je ne veux pas les tuer,* explique-t-il. *Être prédestiné peut casser. Ils doivent se faire eux-mêmes avant de penser à la suite. »* Mais, au fond de lui, a-t-il vraiment envie de les voir lui succéder ?

3.

Les Rothschild

Le poids d'une dynastie

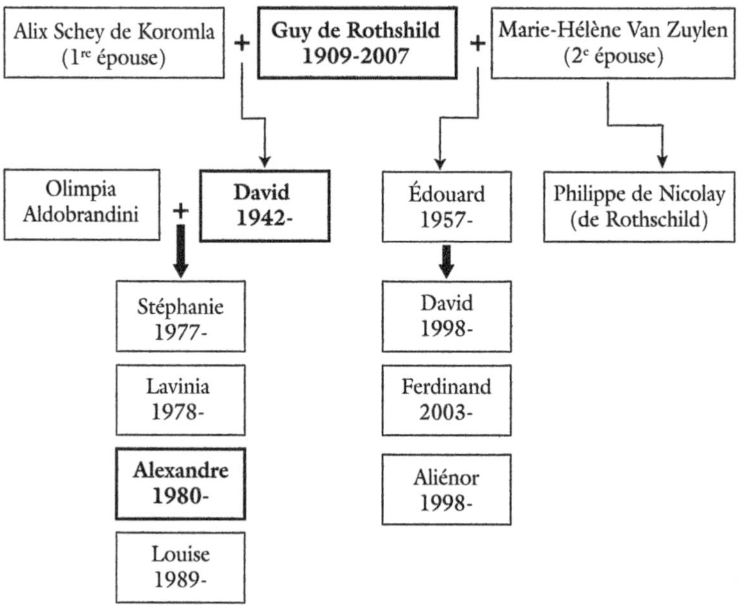
Alix Schey de Koromla
(1re épouse)
Guy de Rothshild
1909-2007
Marie-Hélène Van Zuylen
(2e épouse)
Olimpia
Aldobrandini
David
1942-
Édouard
1957-
Philippe de Nicolay
(de Rothschild)
Stéphanie
1977-
Lavinia
1978-
Alexandre
1980-
Louise
1989-
David
1998-
Ferdinand
2003-
Aliénor
1998-

Lorsqu'il succède, au printemps 2018, à la tête de la prestigieuse banque fondée par son père David, Alexandre de Rothschild, 37 ans, n'a en poche qu'un diplôme d'une petite école de commerce. Il est cependant doté d'une éducation parfaite, qui fait de lui une sorte de prolongement de ce père si bien élevé et tant apprécié du monde économique. Il porte aussi un nom qui charrie à la fois les fantasmes les plus vils et un prestige certain dans les milieux d'affaires. Alexandre de Rothschild sait aussi qu'il assiéra sa légitimité s'il résout d'emblée un sérieux problème. Il l'a d'ailleurs inscrit à son agenda, dès son intronisation à la tête de cette banque où trônent à l'entrée les bustes de ses ancêtres : régler le conflit qui empoisonne sa famille depuis des années.

Les Rothschild sont nombreux et il n'est pas toujours facile de s'y retrouver. Depuis 2015, rien ne va plus entre les branches française et suisse de l'emblématique famille, dont les racines plongent dès le XVIe siècle au cœur de l'Europe. Côté suisse,

Benjamin, né en 1963, n'a pas le vernis policé de ses cousins français David et Alexandre. Là où ces derniers affichent une courtoisie inébranlable, Benjamin multiplie les transgressions. Sa mère Nadine, une ancienne actrice devenue baronne en épousant Edmond de Rothschild, a pourtant écrit des manuels de savoir-vivre et un opuscule intitulé *Réussir l'éducation de ses enfants*, mais Benjamin semble ne respecter aucune convention. En 2007, il s'est même retrouvé en garde à vue après avoir visé au laser, depuis son hôtel particulier parisien qui longe l'Élysée, une policière en faction devant le palais présidentiel. Il ne sera finalement pas inquiété. Huit ans plus tard, en 2015, miné par ses addictions, il a fini par abandonner à son épouse, Ariane, la tête du groupe dont il a hérité et qui figure parmi les plus importantes banques suisses.

Ariane de Rothschild est bien plus « carrée » que son époux. En devenant la première femme à la tête d'un établissement Rothschild, elle a décidé d'asseoir son pouvoir et son autorité en assignant le cousin David en justice pour « concurrence déloyale » après une plainte déposée pour « utilisation abusive du patrimoine familial ».

Ce « patrimoine familial », c'est le nom même de Rothschild. Il n'est pas question, argue-t-elle, que deux banques concurrentes portent le même patronyme. *« Nous pouvons éprouver, comme dans toute famille, des moments de frictions, de jalousies,* regrette David dans *Le Figaro* juste après son assignation en justice, *mais j'espère que les Rothschild continueront leur chemin sans trop de désunion. Cet épisode ne doit pas tourner au règlement de comptes.* » Il est déjà trop tard. Car derrière cette bataille autour de l'usage du nom se cachent d'autres blessures douloureuses et jamais refermées.

L'antagonisme entre les deux branches remonte, en effet, à la génération précédente : le père de David et grand-père d'Alexandre, le très chic baron Guy de Rothschild, ne cachait pas son mépris pour son cousin Edmond, le père de Benjamin, le poussant à s'exiler et à monter sa propre banque. David, pourtant réputé pour ses talents de diplomate, n'a guère été plus habile avec son cousin et Ariane, et le conflit s'est mué en guerre totale.

Dans son vaste bureau lumineux, avec ce costume sombre « très city » que portent les banquiers du monde entier, sa chevelure ondulée coiffée en arrière et ce sourire affable qui ne le quitte pas, Alexandre de Rothschild n'a pas oublié cet épisode qui l'a précipité d'un coup dans la fosse aux lions, alors que tout le milieu des affaires attendait de voir comment « le fils de David » allait s'en sortir… Il représente alors la septième génération des Rothschild et déjà les uns et les autres ne communiquent plus que par papier bleu et convocations judiciaires. « *La situation était très bloquée entre mon père et Ariane,* se souvient le jeune héritier. *Je lui ai succédé le 17 mai 2018 et dès le 19 j'allais la voir à Genève.* »

Jusque-là, seuls les avocats se parlaient. « *Je lui ai proposé une méthode différente : s'enfermer dans une pièce et n'en ressortir qu'une fois un accord trouvé, comme on le fait dans les deals d'affaires,* raconte Alexandre. *Elle m'a demandé : "Est-ce que tu as le blanc-seing de ton père ?" J'ai répondu : "Oui, je crois."* » Les deux parties décident de se retrouver deux semaines plus tard avec leurs conseils afin de finaliser un accord. « *Je suis revenu avec mon avocat Jean-Michel Darrois. Quinze minutes ont suffi. Nous nous sommes engagés à rajouter "and Co" à notre nom et nous avons coupé nos liens financiers en dénouant nos participations croisées.* » Comment a-t-il fait pour régler aussi rapidement un conflit qui menaçait d'être sanglant ? « *Ça a pu être possible car, avec moi, il n'y avait pas d'émotion* », analyse-t-il avec lucidité.

Là où David le diplomate avait buté, Alexandre signe la paix. Fin 2023, lorsque son oncle Édouard manifeste, après des années d'éloignement, le souhait de retrouver un rôle dans la banque dont il est actionnaire, Alexandre affiche la même volonté d'apaisement : il lui ouvre grand la porte, le laissant choisir un des bureaux les plus spacieux. C'est aussi cela qui incombe à un successeur : la charge de ravauder des liens distendus ou abîmés, d'être le garant de la survie ou de l'honneur d'un nom.

Car cette banque, dont il prend la tête dans un climat enfin pacifié, est en grande partie l'œuvre de son père. Le voici donc, ce David de Rothschild, dont la rumeur des milieux d'affaires a déjà dressé le portrait ultra policé. Costume gris parfaitement coupé, lunettes à fine monture sur un regard clair et rieur, à 81 ans il n'a rien perdu de son élégance légendaire. Dans ce bureau, où il continue de venir régulièrement, il accueille ses visiteurs avec une courtoisie irréprochable, pratique encore le baise-main pour les femmes et s'assure que chacun est confortablement installé. Parfois, il cherche un peu ses mots, mais de son fils il dit tout de suite : *« J'ai eu infiniment de chance. Je n'aurais pas pu m'endormir le soir en me disant qu'il n'était pas à la hauteur. Il y a une très grande relation d'amour entre nous.* » L'amour… De mémoire, nous n'avons jamais entendu ce mot dans le monde des affaires et très rarement dans les histoires de successions, où la famille joue pourtant les premiers rôles.

Sur les murs et les meubles de son refuge, des dizaines de photos sont disposées comme autant d'indices racontant l'homme, le père et le grand-père qu'il est. Sur l'un des clichés soigneusement encadrés, son fils Alexandre, haut comme trois pommes, est à ses côtés pour l'aider à couper le ruban d'une inauguration, du temps où il était maire de Pont-l'Évêque. Comme si, déjà, il était écrit que c'était à lui, le seul garçon parmi trois sœurs, que reviendrait la charge de reprendre le flambeau. Une autre photo met d'ailleurs en scène trois générations d'hommes : David, Alexandre et l'un des fils de ce dernier.

« Mon père faisait partie d'une génération où l'on estimait que les filles étaient destinées à autre chose qu'à la banque », a déjà prévenu Alexandre. Les amis proches ont aussi expliqué avec tact ce drame qui a lesté la famille d'un voile de tristesse, la naissance d'une première fille, l'aînée, lourdement handicapée. Les deux autres sœurs ont choisi des voies différentes : la cadette est psychologue, la dernière

a créé une entreprise de bijoux en diamants de synthèse. Les garçons, ce sont eux qui comptent dans la perpétuation du nom.

S'appeler Rothschild, c'est en effet porter un nom et une histoire chargés de symboles, d'envies et de détestations. Alexandre s'en souvient bien, lui qui a redouté toute son enfance *« ce moment où l'on faisait l'appel en classe »*, quand le seul énoncé de son patronyme déclenchait aussitôt des bruits de pièces de monnaie qui s'entrechoquent et des rêves de millions. *« Cela me paraît plus facile pour mes enfants, maintenant que les grandes fortunes de la tech ont dilué l'effet symbolique de notre nom »*, dit-il.

Ce n'est pas seulement la fortune des Rothschild qui suscite l'envie. C'est aussi leur appartenance au judaïsme, qui éveille les fantasmes les plus abjects et un antisémitisme qui a traversé les siècles, depuis les débuts de leur formidable saga, lorsque Mayer Amschel Rothschild envoya ses cinq fils à travers l'Europe pour développer l'entreprise, dans les années 1750. Cet acte fondateur est illustré par un blason familial composé de cinq flèches. Les Rothschild affichent d'emblée une visée dynastique : les premiers d'entre eux se marient même avec leurs cousines afin d'être certains de préserver leur nom. Le mythe émerge rapidement : dans l'Europe entière, il se murmure que les banquiers auraient été avertis avant tout le monde de la défaite de Napoléon à Waterloo et qu'ils auraient gagné un pactole à la Bourse de Londres grâce à cette information.

C'est un dénommé James qui fonde la branche

française dont David est l'héritier direct. Il arrive en France en 1912 et investit en Bourse. Très vite, il fait fortune et prête aux États, investit dans les chemins de fer. Les dix lettres du nom symbolisent l'argent, la richesse, le capitalisme. Le baron devient l'un des hommes les plus riches de France. Aussitôt, les Rothschild sont l'objet de convoitise, de jalousie et d'antisémitisme.

Dans son dictionnaire de l'humour juif, Adam Biro écrit : « *Les Rothschild représentent une part du rêve juif. Ils sont comme un animal fabuleux, un monstre marin qu'on n'a jamais rencontré mais dont on parle dans tous les ports du monde.* » L'auteur cite d'ailleurs des dizaines de blagues les mettant en scène, comme celle-ci : un Rothschild s'arrête pour déjeuner dans une auberge. Dans la réserve, il ne reste que trois œufs, avec lesquels l'aubergiste lui confectionne une modeste omelette. Au moment de payer, celui-ci lui présente une addition extravagante. « Comment donc, les œufs sont si rares dans votre région ? – Les œufs, non, mais les Rothschild, oui ! »

Le patronyme tombe dans le langage courant. « Riche comme Rothschild », « Je ne suis pas un Rothschild », deviennent des expressions populaires. On leur attribue tous les pouvoirs, on les charge de tous les maux. Dans les années 30, ils sont considérés comme la figure de proue des « deux cents familles » et du « mur de l'argent », qui gouvernerait la France en contrôlant l'économie et la politique. Ils deviennent surtout la cible des antisémites. Pendant la guerre, ils doivent s'enfuir, leurs biens sont spoliés et ils sont déchus de leur nationalité.

Aujourd'hui encore, la famille est régulièrement la cible d'attaques. Elle a appris à se faire discrète. Au siège de l'avenue de Messine, aucun nom, aucun logo n'apparaît sur les façades. Une prudence qui ne suffit pas toujours. Au moment de la crise des gilets jaunes, un de leurs bureaux avait été envahi par les manifestants. Depuis le massacre du 7 octobre 2023 perpétré par le Hamas et la guerre menée par Israël à Gaza, les Rothschild, massivement et régulièrement pris pour cible sur les réseaux sociaux par les antisémites et les complotistes, redoublent de vigilance.

Ce sont pourtant de « drôles de juifs », si l'on peut dire. Défenseurs de l'État d'Israël – mais critiques de la politique de Benyamin Netanyahou –, grands soutiens de la communauté juive et de la mémoire de la Shoah (David a longtemps présidé la Fondation pour la mémoire de la Shoah après Simone Veil ; Éric de Rothschild, son cousin, est président du Mémorial), ils ne sont guère pratiquants. David et son cousin Éric ont d'ailleurs tous deux épousé des catholiques.

Dans un syncrétisme tout à fait original, ils ont fait le choix d'élever leurs garçons dans la religion juive et leurs filles dans la religion catholique. Dans la famille, les fils font donc leur bar-mitsva (le rite de passage à l'âge adulte dans la religion juive) et les filles se marient à l'église. C'est cet arrangement pour le moins baroque que raconte Alexandre en souriant.

Lorsqu'il est adolescent, son père décide de lui faire faire sa bar-mitsva. C'est déjà un peu tard,

Alexandre a 16 ans. Le problème principal est pourtant ailleurs : il n'est pas plus juif que ses sœurs au regard de la loi hébraïque puisque leur mère Olimpia est une princesse catholique italienne. Or, pour David : « *On ne peut pas s'appeler Rothschild et ne pas être juif.* » Afin qu'il n'y ait aucune contestation possible, David de Rothschild a d'ailleurs renoncé à solliciter les synagogues les plus libérales et s'est tourné vers le consistoire. Si Alexandre veut être considéré comme juif, il lui faudra une formation religieuse longue et soutenue, prévient le grand rabbin de France Joseph Sitruk, qui délègue à l'époque à son assistant Haïm Korsia le soin de donner une instruction religieuse au jeune homme.

« *Ma femme, Stéphanie, que je venais d'épouser, était elle aussi assez peu au fait du judaïsme, et j'ai décidé de leur faire un cours commun, à elle et lui,* se souvient Haïm Korsia en riant. *J'ai commencé par les fêtes, puis les grands principes du judaïsme contenus dans l'éthique des Pères.* » L'enseignement dure près d'un an. L'élève se montre studieux et intéressé, ce qui n'en fait pas un juif pour autant.

C'est compter sans le talent du rabbin pour dénicher une ascendance juive opportune dans la généalogie maternelle. Il raconte sa trouvaille avec humour, comme s'il était clair que la religion est d'abord faite pour convenir aux hommes : « *Il fallait de l'intuition, la bénédiction de l'Éternel et celle de sainte Rita* (la patronne des causes désespérées), *et j'ai trouvé une aïeule dans la branche maternelle. J'ai démontré que sept générations plus tôt le judaïsme était là !* » Grâce à cette habileté qui règle tous les problèmes et évite de laisser un Rothschild hors de la communauté, Alexandre fera sa bar-mitsva à l'âge de 17 ans.

C'est que David de Rothschild a déjà l'idée de le former pour lui succéder à la tête de cette banque qui est l'œuvre de sa vie. Lui-même a été marqué par les conditions difficiles dans lesquelles il a pris la suite de son père. Il ne veut rien laisser au hasard.

Replongeons un instant dans ces années 70 flamboyantes qui ont bercé la jeunesse de David. Elles ont un parfum de fête et d'insouciance, alors que son père Guy et sa belle-mère Marie-Hélène de Rothschild y donnent les réceptions les plus courues du Tout-Paris. On croise, dans leur splendide hôtel Lambert, sur l'île Saint-Louis, Yves Saint Laurent, Pierre Bergé, Françoise Sagan, l'Aga Khan, mais aussi Alain Delon, Bernard-Henri Lévy, Arielle Dombasle ou Jean d'Ormesson. Dans la galerie des Hercules de leur hôtel particulier, la baronne donne de fabuleux dîners servis dans de la porcelaine de Sèvres, au milieu de tableaux de Vermeer ou de Delacroix. Des quatuors à cordes égayent les convives, qui se délectent des soupers exquis concoctés par le chef privé du couple, Patrice Balny. Ce dernier prépare les recettes favorites de chacun des invités, le soufflé au chocolat d'Yves Saint Laurent, une bayadère composée de grenadins de veau et de riz safrané pour Rudolf Noureev. Au salon, on lit parfois de la poésie ou du George Sand.

À Noël, la petite troupe suit les Rothschild au château de Ferrières ; l'été, elle est à Marbella. Les week-ends, les voilà tous dans la propriété de

Meautry en Normandie, où la reine Elizabeth fut reçue en 1967 et où Édouard Balladur passera de temps à autre. Ils s'envolent régulièrement pour Marrakech où Marie-Hélène a fait construire une des premières villas de la Palmeraie. C'est à Ferrières, cependant, qu'elle donne ses célèbres bals costumés, le bal Proust en 1971 avec 1 500 invités pour célébrer le centenaire de la naissance de l'écrivain, le bal surréaliste en 1972 où elle accueille Dali, Audrey Hepburn, Hélène Rochas ou l'actrice Marisa Berenson avec, posée sur sa tête, une tête de cerf pleurant des larmes de diamants.

On voit le couple, propriétaire et éleveur de chevaux, aux courses à Ascot, à Longchamp ou à Chantilly. Une existence fastueuse qui faisait dire à Guy : *« Ça fait vingt-cinq ans que je vis avec Marie-Hélène et j'ai oublié à quoi la couleur grise ressemble. »* *« C'était le temps des grandes élégances »*, se souvient l'actrice et chanteuse Arielle Dombasle, que Marie-Hélène a alors prise sous son aile.

Seulement, la baronne est aussi charmante avec ses amis qu'elle est impitoyable avec ses enfants. *« Un monstre de certitudes et d'autorité »*, résume un proche de la famille. C'est simple, elle n'a d'yeux que pour David, qui n'est pourtant pas son fils, mais celui que Guy a eu d'un premier mariage. Elle le trouve beau, intelligent, c'est à lui que revient le privilège de dire quelques mots au début du dîner ou de faire les discours pour les anniversaires. Envers ses propres garçons, Philippe de Nicolay du nom de son premier mari et Édouard de Rothschild qu'elle a eu avec Guy, elle ne cache guère son mépris et son irritation. Ses invités se souviennent encore, effarés, des humiliations auxquelles ils ont assisté. Quand il arrive à Édouard, dit « le petit doudou », d'émettre une opinion lors d'un dîner, elle n'hésite pas à lui clouer le bec méchamment : *« Tais-toi, tu vois bien que tu n'intéresses personne ! »*

Un soir de Noël, alors qu'il offre à sa mère, en guise de provocation, un parfum bon marché, celle-ci le jette rageusement à travers le salon sous les yeux des convives gênés. Elle n'est guère plus tendre avec Philippe, dont la filiation est un secret de Polichinelle : le Tout-Paris sait qu'il est en réalité le fils de Guy – avec qui elle entretenait déjà une liaison –, mais que son premier mari le comte François de Nicolay l'a reconnu en lui donnant son nom. Sans doute parce qu'il lui rappelle qu'elle a « fauté », elle n'a de cesse de rabrouer ce fils en public. En coulisse, les mondains ont surnommé Philippe de Nicolay « le petit malentendu », du fait de sa petite taille et du mensonge qui entoure sa naissance.

À la mort de Guy, ce dernier retrouvera officiellement sa place dans l'arbre généalogique grâce à ses deux frères, David et Édouard, qui régularisent sa situation devant notaire. Il a désormais le droit de porter le nom de Rothschild. Flambeur notoire, panier percé aux dépenses somptuaires, amateur de femmes et de voitures de luxe, le mal-aimé Philippe de Nicolay vit aujourd'hui au Brésil, où il s'est remarié et a investi une partie de son héritage dans le commerce d'alcool en ligne. *« Il ne manque à personne »*, persifle un haut cadre de la banque.

Le grand traumatisme familial, et, il faut bien le dire, la chance des Rothschild, se produit le 10 mai 1981. Maire de Pont-l'Évêque depuis 1977, David a passé la fin de l'après-midi à suivre le dépouillement des bulletins de vote de sa commune, en ce jour d'élection présidentielle. Habituellement, la petite cité du Calvados vote tranquillement à droite. Mais cette fois, comme dans toute la France, les bulletins de vote en faveur de François Mitterrand dépassent ceux au nom de Valéry Giscard d'Estaing. Alors qu'il rentre de Normandie en voiture avec son épouse, il apprend la nouvelle stupéfiante à la radio : l'élection d'un président socialiste à l'Élysée. *« Tout cela risque de nous concerner »*, dit-il à sa femme.

Quelques semaines plus tôt, Jacques Attali, qui se prépare à devenir le plus proche conseiller du nouveau président, a averti la famille de ce que peut signifier pour elle la mise en œuvre des 110 propositions du programme d'Union de la gauche : *« Avant les élections, j'ai appelé Guy pour lui dire : "Si vous continuez à vouloir faire de la banque, vous allez être nationalisés." Il ne m'a pas cru,* se souvient-il aujourd'hui. *Il pensait que Giscard allait être réélu ou que si Mitterrand l'était, il n'appliquerait jamais le programme commun signé avec les communistes. »*

Pour le nouveau pouvoir, il n'est pas question de faire une exception, surtout pas avec les Rothschild, dont le nom symbolise à lui seul le capitalisme financier. La banque est nationalisée et Guy mortifié. Dans une tribune au *Monde* intitulée « Juif sous Pétain, paria sous Mitterrand, pour moi ça suffit ! », il laisse éclater sa colère et décide de s'exiler aux

États-Unis. C'est David qui se charge de mettre la clé sous la porte quelques mois plus tard.

Rétrospectivement pourtant, la famille fait une bonne affaire et la nationalisation aura été une aubaine. La banque, en effet, ne valait plus grand-chose. Guy ne s'y intéressait guère, lui préférant les activités industrielles du groupe et surtout ses chevaux, et l'avait laissée péricliter. Les 150 millions de francs que récupèrent les Rothschild dans l'opération sont, de l'avis de tous aujourd'hui, une véritable manne, même si l'épisode est alors vécu comme une humiliation. David se souvient des regards fuyants des cadres de la banque installée à l'époque rue Laffitte, de sa mère en larmes au téléphone, du personnel le raccompagnant en sanglotant dans le parking, d'où il repart avec le sentiment que la famille est déshonorée.

Lui qui ne se destinait guère aux affaires financières se fixe pour tâche de redresser la maison familiale. « *J'aimais mon père et il était très blessé,* explique-t-il. *Je me suis dit : je vais donner tout ce que je peux pour remonter une activité bancaire. Je voulais lui montrer que j'étais capable de faire quelque chose. J'ai construit sa revanche.* » Encore une fois, la famille utilise ses relais politiques. Les Rothschild ont toujours su tisser des liens avec les pouvoirs. Georges Pompidou avait, en effet, dirigé la banque avant d'être élu président de la République en 1969. Elle sera, bien plus tard, un refuge pour des proches de Nicolas Sarkozy, comme Nicolas Bazire ou François Pérol, avant d'accueillir le tout jeune inspecteur des finances Emmanuel Macron. Mais, en ce début des années 80, c'est vers son ami le garde des Sceaux Robert Badinter que David se tourne. Grâce à lui, il obtient en 1984 une licence bancaire avant de recouvrer l'usage professionnel de son nom. Son idée : créer une banque d'affaires sur le modèle de la puissante banque Lazard, qui fonctionne avec des associés. Mais à l'inverse de Lazard, il souhaite que cela se fasse dans le consensus et l'harmonie plutôt que par la concurrence des ego.

Depuis toujours, David entretient avec son cousin Éric des relations fraternelles. En 1939, pour échapper aux lois antijuives et à la guerre, leurs mères s'étaient réfugiées à New York, où ils sont nés tous les deux, Éric en 1940 et David en 1942. Ils ont passé leurs premières années ensemble et, depuis, ne se sont jamais vraiment quittés. Lorsque David se lance dans la refondation de la banque, il interroge aussitôt son cousin : *« On ne va pas se bagarrer là-dessus, est-ce que tu veux t'en charger ? »* Éric répond aussitôt : *« C'est toi qui prends ça en main. Je serai toujours à tes côtés. »* Il a tenu parole.

« Nous nous sommes toujours naturellement entendus et nous n'avons jamais été en rivalité », confirme Éric, bel homme de 84 ans, dans son bureau décoré d'œuvres de grands noms de la photographie, de Herb Ritts à Jacques-Henri Lartigue en passant par Robert Doisneau. David s'occupera donc de la banque, Éric se réserve les affaires routières et portuaires possédées par les Rothschild en Afrique. Il veille aussi sur les vignobles précieux de la famille, dont le très prestigieux Château Lafite Rothschild, un premier grand cru classé de Pauillac acheté

en 1868 par James de Rothschild et dont les plus beaux millésimes valent aujourd'hui une fortune.

Deux autres « cousins », Evelyn de Rothschild, le patron de la branche anglaise, et Edmond, celui de la branche suisse, acceptent également de mettre la main au portefeuille. David reçoit aussi l'aide du financier britannique Jimmy Goldsmith et du banquier marseillais Martin Maurel, qui avait déjà aidé la famille Rothschild pendant la Seconde Guerre mondiale.

Lorsqu'il démarre avec 30 millions de francs, tout est à construire. Au départ, ils ne sont d'ailleurs qu'une poignée à œuvrer, dont le cadet Édouard, qui fait feu de tout bois pour recruter les meilleurs banquiers de la place de Paris. David, lui, s'appuie sur la « bande à Bébéar », comme on appelle alors Entreprise et Cité, ce club de patrons réunis autour de celui qui fait figure de parrain des affaires, le très puissant créateur de l'assureur Axa, Claude Bébéar. David de Rothschild reçoit régulièrement dans les salons de l'hôtel Lambert ce club ultra sélect qui lui apporte « par amitié » ses premiers mandats. Il y a là tous ceux qui seront plus tard au cœur des privatisations et des fusions-acquisitions lancées par la droite RPR-UDF, revenue au pouvoir en 1986 et qui cohabite désormais avec le président Mitterrand : Michel Pébereau, mais aussi Bernard Arnault, Vincent Bolloré, Henri Lachmann, Didier Pinault-Valencienne, Jean-René Fourtou ou Thierry Breton.

Dix ans plus tard, Rothschild, grâce au carnet d'adresses touffu de ses associés-gérants et au nouveau marché des privatisations, se hisse au quatrième rang des banques d'affaires, derrière Lazard, Morgan Stanley et Goldman Sachs. La grande période des fusions-acquisitions lui offre ensuite un terrain de jeu propice pour renforcer ses positions.

Sous ses dehors très policés, David se révèle un redoutable négociateur, *« un diplomate-né »*, souligne son cousin Éric. Il profite des divisions au sein de la puissante branche anglaise pour se rendre indispensable aux yeux d'Evelyn, qui le nomme patron de la banque britannique en 2003. Un rapprochement qui aboutira à la fusion des deux banques en avril 2012.

L'héritier a largement rempli son contrat : il a non seulement sauvé la face de la famille, mais, malgré la nationalisation de 1981 – ou grâce à elle –, lui a rendu son lustre et sa puissance en fondant une nouvelle banque. Le monde des affaires loue son habileté et son élégance exquise. *« Je n'ai jamais entendu personne dire du mal de lui,* résume Jacques Attali, *ce qui est rare dans les milieux d'affaires. »*

David, adepte de la maxime « Pour vivre heureux, vivons cachés », qu'il inculque à ses enfants, met fin aux extravagances de la génération précédente. Il se montre aimable en toutes circonstances et fuit les conflits au point que d'aucuns, moins charitables, l'appellent « le roi du boulevard circulaire ». Comme s'il refusait toujours de se jeter dans la mêlée.

Son demi-frère Édouard, de quinze ans son cadet, est tout le contraire : fougueux, explosif, capable de pousser des coups de gueule, ce qui détonne dans l'univers feutré de la banque d'affaires. Entre les deux, c'est l'eau et le feu. Quand son frère est nommé à la tête de la banque anglaise, Édouard espère secrètement décrocher la direction de Paris. Avec son art roué de l'évitement, David ne bouge pas. Le tumultueux Édouard en prend ombrage et quitte l'entreprise familiale du jour au lendemain. *« L'acte de révolte du vilain petit canard »*, analyse un proche. Il se consacre à sa passion pour la compétition équestre, se pique de vouloir concourir à l'épreuve de saut d'obstacles aux Jeux olympiques de Londres en 2012. Comme il n'a pas le niveau pour être sélectionné au sein de l'équipe française, le voilà qui achète une maison à Tel-Aviv, dans le quartier huppé de Kfar Shmaryahu. Il n'a nullement l'intention de faire son alya. S'il réclame la nationalité israélienne, c'est dans l'unique but de concourir aux JO sous les couleurs de l'État hébreu. Tous ses efforts seront vains, malgré tout.

Auparavant, il s'était mis en tête de sauver le quotidien *Libération* alors qu'il ne connaît rien à la presse. Un banquier amateur de courses et de soirées mondaines, principal actionnaire du quotidien fondé au lendemain de Mai 68 sous le patronage de Jean-Paul Sartre, la rédaction dirigée par Serge July n'avait jamais vu cela. L'investissement tourne court en 2007. Édouard perd 20 millions d'euros dans l'histoire. *« On ne réussit pas toujours tout dans sa vie »*, commente-t-il aujourd'hui avec philosophie.

Après quinze années passées dans le monde hippique, notamment à la présidence de France Galop, le revoilà, cheveux poivre et sel, assagi, affable et courtois dans son nouveau bureau de la rue de Messine, où il affirme se rendre tous les jours bien que n'occupant aucune fonction exécutive. Derrière lui trône en évidence un grand collage de coupures de presse qui détaille ses succès du temps de ses premières années à la banque. « *Je suis heureux et fier d'avoir contribué à la redresser !* » s'exclame-t-il. Il y exerce aujourd'hui son rôle d'actionnaire puisqu'il détient 5 % des parts en son nom propre. « *Je n'ai aucune amertume, j'ai appris beaucoup de choses à France Galop, au PMU et à* Libération. *J'ai acquis le sens de la diplomatie. Alexandre coche toutes les cases, mais je pense pouvoir l'aider.* » Pas sûr que celui-ci en ait réellement besoin.

À l'aise dans son costume bleu nuit, Alexandre, l'actuel patron de la banque, déroule son parcours du haut de ses 43 ans. « *Lorsque j'étais enfant, je voulais être tennisman. Mes parents me répétaient "Fais ce que tu veux" tout en pensant le contraire* », s'amuse-t-il. Le garçon n'a alors qu'une idée très vague du métier de son père. Il lui rend parfois visite dans ses bureaux de l'avenue Matignon : « *J'ai des souvenirs de portes épaisses, d'odeur de cigare, d'un ascenseur vieillot. Tout cela était assez opaque pour moi. Je ne comprenais pas trop ce qu'il faisait.* » À vrai dire, il ne s'y intéresse guère, même s'il est élevé dans le culte de l'entreprise familiale. On raconte que James, fondateur de la branche française, recevait ses clients avec ses enfants jouant dans ses jambes et, lorsqu'on s'en étonnait, lançait : « *Mais comment voulez-vous qu'ils apprennent la banque ?* »

S'imprégner de l'ADN d'un groupe est une chose,

être capable d'en reprendre un jour les rênes en est une autre. Alexandre ne truste pas les prix d'excellence dans l'école privée où il a fait ses classes. Sans être un cancre, il obtient son bac de justesse et entame des études supérieures à l'université privée Léonard-de-Vinci, créée par Charles Pasqua dans les Hauts-de-Seine. Muni d'un diplôme de commerce extérieur, il bénéficie surtout du réseau familial. Sa famille lui trouve un stage dans l'audit chez Bear Stearns, à New York. Cette fois, il découvre le travail et l'effort. *« Il en a bavé »*, souligne son père. En 2005, il part à Londres, où il entre à Argan Capital comme chargé d'affaires. *« J'ai voulu trouver un job seul, c'était très important pour moi »*, se souvient Alexandre.

En 2008, alors que la crise financière bat son plein, il rentre à Paris à la demande de son père. Quand les grands associés le voient débarquer dans les bureaux de la banque, tout le monde comprend : il est revenu pour lui succéder. David n'avait-il pas confié au *Monde* dès 1999 : *« Les Rothschild ont su jusqu'à présent exercer l'autosélection, c'est-à-dire qu'ils n'assument des responsabilités que s'ils en sont capables. La marque, par définition, a plus de poids si elle s'incarne dans des membres de la famille. À condition évidemment qu'ils aient la compétence. »*

Lui faire acquérir les compétences nécessaires, c'est précisément la tâche qui incombe à Marc-Olivier Laurent. Ce docteur en anthropologie venu à la banque en 1995 après avoir rencontré David est à la fois un parfait connaisseur du milieu et un fin observateur des groupes humains. Il a tout de suite saisi la visée dynastique des Rothschild et la nécessité de forger une légitimité inattaquable au jeune héritier Alexandre.

Habilement, il lui suggère de monter une nouvelle branche avec lui, le capital investissement, loin de l'activité des grands fauves de la banque d'affaires. Quoi de mieux, en effet, que d'apprendre à l'abri des regards pour gagner progressivement la confiance des barons ? Alexandre acquiert les réflexes d'affaires. Marc-Olivier Laurent n'est pas du genre à s'ébaubir devant un jeune héritier. « *Il est brut de décoffrage, ça n'a pas été facile au début* », confirme Alexandre qui a appris à apprécier les qualités de son mentor : « *C'était mon boss, je l'ai vu construire un métier, on est passé de 5 à 250 personnes.* »

Marc-Olivier Laurent, de son côté, informe régulièrement David des progrès de son poulain. Il décèle en lui des potentialités, un flair, de l'instinct. Ensemble, ils font du *private equity* (investissements de capitaux et dette privée) le troisième pilier de l'entreprise. Pas à pas, Alexandre s'installe. « *Quand j'ai rejoint la banque, j'étais perçu comme un successeur mais je me disais : "Je ne vais pas décider maintenant." Je voulais être sûr que le système m'accepte.* » Son père prévoit un « plan B », au cas où son fils lui ferait défaut, en faisant revenir à la banque François Pérol, qui pourra jouer le rôle de « maire du palais ». En fait, Pérol n'a pas eu besoin d'endosser la charge, la transition entre David et Alexandre s'est déroulée avec fluidité. « *On a co-construit dans la durée* », explique Alexandre.

David de Rothschild est trop subtil pour ne pas

savoir que les successions familiales se heurtent à mille obstacles, dont le premier est lié à la difficulté, pour les pères, de céder le pouvoir. Il a vu des patriarches s'accrocher inconsidérément, des héritiers écrasés sous leur autorité. Il répète souvent : *« Il vaut mieux partir un peu tôt qu'un peu tard »*, inquiet de laisser passer le coche. À son fils, il a aussi confié : *« Tu seras le seul à pouvoir me dire si je deviens gaga, si je suis moins sur la balle. »* Alexandre résume : *« Il n'y avait pas d'envie chez moi de tuer le père et lui n'avait pas le désir de ne jamais lâcher. »* C'est si rare, chez les fondateurs d'entreprise…

En 2013, Alexandre est nommé associé-gérant. En 2014, le voici au conseil de surveillance de la société. En 2017, il devient vice-président exécutif avant d'être désigné, en mai, président exécutif. Qu'a-t-il gardé de son père ? Alexandre lui ressemble indéniablement. Il a conservé cette extrême courtoisie qui plaît tant aux clients, une capacité d'écoute qui permet de gérer les fortes personnalités des associés. Mais il sait trancher sans fard, est plus direct, plus « américain », disent certains, à l'image des anglicismes dont il truffe ses phrases. *« L'enjeu pour Alex était de trouver sa place au milieu d'anciens de la banque plus âgés que lui,* note la secrétaire générale de la banque Elsa Fraysse. *Quand la passation a eu lieu, son autorité était déjà établie, il était respecté. Personne n'a tenté de le mettre à l'épreuve. »*

Les collaborateurs de la maison se souviennent encore avec émotion de la fête de Noël de 2018. Comme chaque année, 300 à 400 personnes, du banquier jusqu'au portier, sont réunies au Pavillon Gabriel sur les Champs-Élysées. Habituellement, David se chargeait du discours, évoquant l'année écoulée, traçant les enjeux à venir avant de passer au cocktail. Cette fois, c'est « Alex » qui a pris la parole pour remercier tous ceux qui avaient permis cette passation de pouvoirs. Et chacun a compris que la succession était réglée.

Lorsque David de Rothschild a décidé de transmettre le flambeau à son fils, il lui a naturellement proposé de reprendre son bureau. Mais où s'installer lui-même ? La société occupe plusieurs bâtiments au cœur du cossu 8e arrondissement de Paris et la place ne manque pas. Le patriarche a d'abord opté pour un salon desservi par un petit escalier, juste au-dessus du bureau qu'il venait de céder à son héritier. Voulait-il rester encore un peu dans ses meubles ? Veiller sur lui comme une statue du commandeur ? *« Erreur psychologique,* l'a tancé son épouse. *"Tu ne vas pas t'installer au-dessus de ton fils ! Symboliquement c'est comme si tu avais l'intention de le contrôler !" »* David de Rothschild s'est rendu aux arguments de sa femme et a finalement élu domicile dans une autre aile, rue de Messine. *« Maintenant c'est moi qui sollicite Alexandre pour comprendre ce qui se passe »*, sourit-il.

Aujourd'hui, l'entreprise se porte bien : 2,5 milliards de revenus en 2023, une présence dans 49 pays et 4 623 employés. Alexandre a imprimé sa marque en réorganisant la gouvernance et la sortie de la Bourse. Au sein du capital sont entrées une demi-douzaine de puissantes familles dont les Dassault, les Wertheimer et les Peugeot.

Les Rothschild détiennent une majorité stable. *« Ne sois jamais entre deux Rothschild, car ils sont capables de se réconcilier sur ton dos »*, donne-t-on souvent comme conseil aux nouveaux venus. En clair, même s'il y a des rivalités entre eux, ils s'entendent toujours vis-à-vis de l'extérieur. Mais à part David et Éric qui peuvent passer des week-ends ensemble, les autres ne se fréquentent pas.

Éric a d'ailleurs organisé sa succession presque au même moment que son cousin David. Lui a choisi sa fille Saskia pour s'occuper à sa suite des vignobles de la famille. Cette dernière, après avoir été journaliste, s'est donc reconvertie dans la conduite de la vigne, les assemblages des cépages et surtout la commercialisation de ces précieux nectars. Une nouveauté dans une famille où la devise pour les successions a longtemps été : *« Pas de femmes, pas de gendres. »* Elle est également entrée au conseil d'administration de la holding familiale. Tous les ans, la jeune femme de 38 ans réunit l'ensemble des cousins dans le fabuleux domaine de Château Lafite Rothschild.

Alexandre est aujourd'hui père de quatre enfants âgés de 4 à 11 ans. Il les emmène à la banque de temps en temps afin qu'ils *« baignent dans cette atmosphère »*. *« Bien sûr, ils feront ce qu'ils voudront de leur vie »*, précise-t-il d'une voix douce. Il note tout de même en souriant que le second, Dimitri, *« assure qu'il veut être banquier »* ! On ne se refait pas.

4.

Les Ricard

« Un père a deux vies :
la sienne et celle de son fils. »

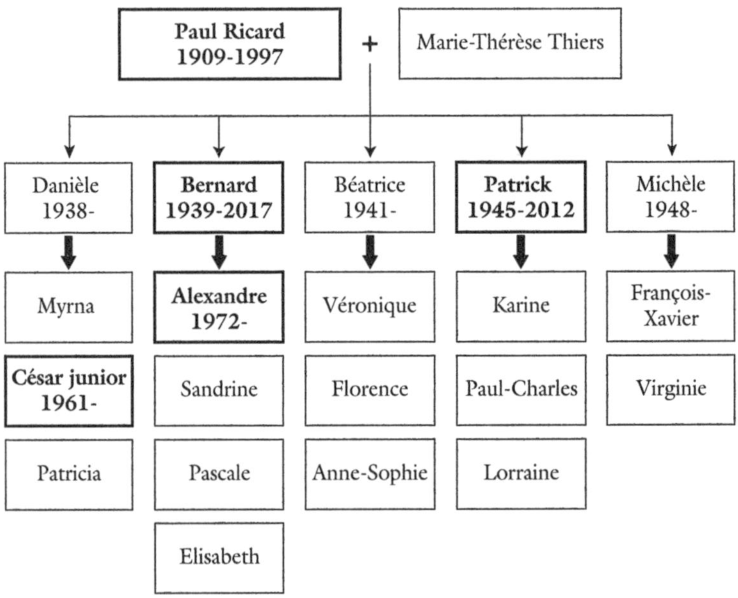
Paul Ricard
1909-1997
+
Marie-Thérèse Thiers
Danièle
1938-
Bernard
1939-2017
Béatrice
1941-
Patrick
1945-2012
Michèle
1948-
Myrna
César junior
1961-
Patricia
Alexandre
1972-
Sandrine
Pascale
Elisabeth
Véronique
Florence
Anne-Sophie
Karine
Paul-Charles
Lorraine
François-
Xavier
Virginie

Il garde toujours la lettre avec lui, soigneusement conservée dans son ordinateur. Alexandre Ricard la lit à haute voix, mais il pourrait tout aussi bien la réciter les yeux fermés tant il semble en connaître les mots par cœur. Elle porte la date d'avril 2015. Alexandre s'en souvient, bien sûr : ce grand gaillard au visage rond et au regard impénétrable venait tout juste d'être nommé PDG du groupe Pernod Ricard, quelques mois avant de fêter ses 43 ans. Le plus jeune patron du CAC 40…

« *Mon très cher fils, cela pourrait te sembler absurde de déclarer que c'est toi qui me fais père, bien plus que je ne t'ai fait fils…* » Voilà comment débutait la missive. Une douzaine de phrases rédigées avec soin, que le patron énonce d'une voix légèrement tremblante qui trahit l'émotion malgré un visage de marbre. « *Pour citer Jules Renard : "Un père a deux vies : la sienne et celle de son fils." Je te remercie de me faire vivre cela, cette fierté d'être le père de mon fils.* »

Lorsque l'on plonge dans la saga familiale des Ricard, on entend mille anecdotes sur chacune des personnalités les plus emblématiques de la famille. Sur « Alex », comme tous l'appellent, les uns et les autres se souviennent que, dès l'adolescence, il semblait s'être « autodésigné » futur successeur. *« Il s'était mis en avant tout seul »*, raconte ainsi sa cousine Myrna Giron-Ricard, qui le revoit à l'âge de 12 ans *« mettant un costume et une cravate »* pour rendre visite à son grand-père, Paul Ricard, le fondateur de l'entreprise. Alex jouait à vendre du pastis et les grandes marques d'alcools du groupe, *« comme si, tout petit, il se préparait déjà »*. Jamais, en revanche, les cousins n'évoquent le rôle que son père – évincé après seulement trois années à la tête de l'entreprise – aurait pu jouer dans cette vocation précoce. Comme un curieux refoulement.

La charmante île des Embiez située en face de Six-Fours, dans le Var, achetée autrefois par Paul Ricard, sert aujourd'hui de lieu de retrouvailles aux quelque cinquante membres du clan. Là, à mi-hauteur, surplombant la mer, deux stèles mortuaires sont disposées côte à côte. Celle de Paul et celle de son second fils Patrick. C'est lui qui dirigea et développa pendant trente ans le groupe Pernod Ricard, fondé par Paul et devenu aujourd'hui, avec plus de 12 milliards de chiffre d'affaires et 18 900 collaborateurs, le numéro deux mondial des spiritueux.

Presque tout – le nom des bateaux pour rallier le continent, les devantures des cafés – évoque Paul ou Patrick Ricard. À Paris, au siège du groupe, juste derrière la gare Saint-Lazare, leurs photos trônent encore dans la salle du conseil d'administration ou derrière la douzaine de bars éparpillés à chaque étage de cet immeuble moderne et cossu. Bernard, en revanche, est un fantôme. Rien qui rappelle qu'il a dirigé l'entreprise de 1968 à 1971. Sa tombe, à lui, est très loin de là, en Andorre, où il a passé la seconde moitié de sa vie. Même Wikipédia a « oublié » de lui consacrer la moindre fiche. *« Un banni »*, commente l'un des héritiers Ricard.

Le jour de l'intronisation de son fils à la tête du groupe, Bernard Ricard n'était pas présent. *« Avec mes regrets de ne pas être aux Embiez, mais je serai à tes côtés ce jour-là »*, ainsi concluait-il sa lettre à son fils. Et ce post-scriptum : *« Il serait souhaitable que la place d'honneur que tu m'avais réservée soit occupée par ta mère. »* Quelques années plus tôt, en 2012, lors du 80e anniversaire du groupe, sur le bateau de croisière où la famille s'était retrouvée pour naviguer entre Marseille et Barcelone, il s'était pourtant glissé parmi les convives. Lorsque Alexandre, qui n'était pas encore PDG, s'était levé pour un discours, Bernard, du fond de la salle, avait regardé son fils, un léger sourire aux lèvres et les yeux brillants, ému.

Depuis plusieurs décennies, cet héritier au destin douloureux ne venait pratiquement plus aux réunions de famille, hormis quelques mariages et enterrements. Sur les photos du clan, on ne voit jamais son visage. Dans la grande maison de la Tête de l'évêque où son père Paul Ricard vécut trente ans, au milieu de la pinède avec vue sur la Méditerranée, tout est resté intact, comme une sorte de mausolée. Le journal que Paul lisait le jour de sa mort, ses lunettes, son stylo sont encore sur la table. Surtout, il y a là, accumulés le long des murs, des dizaines de portraits que ce peintre du dimanche brossait de ses enfants, de ses petits-enfants et des commerciaux du groupe. Un ensemble de tableaux un peu kitsch où seul Bernard ne figure pas.

Ce silence autour du « cas » Bernard s'explique en partie par le souci qu'ont les Ricard de maintenir coûte que coûte l'unité familiale, qui est, chez eux, une véritable condition de la survie. Sa cinquantaine de membres, réunis dans une SA Paul Ricard, ne détient en effet que 14,05 % du capital et 20,71 % des droits de vote. Autant dire que les prédateurs rôdent. Tenir les cinq branches de la famille est une gageure. Pour cela, les Ricard ont une magnifique statue du commandeur, qui est également une armure : la figure flamboyante de Paul Ricard. Ce fils de négociant en vin, mort en 1997 à 88 ans, est célébré comme une relique populaire. Et c'est vrai que l'histoire de ce garçon de 12 ans qui, suivant son père dans ses tournées, rencontre un bouilleur de cru concoctant une recette de pastis à 60 degrés dont il s'inspirera cinq ans plus tard est digne d'un bon scénario.

À 17 ans, il quitte le lycée Thiers à Marseille et, avec son frère Pierre, se lance dans la fabrication de leur propre pastis, à l'aide d'un alambic dans un laboratoire bricolé à domicile. Ce mélange d'anis étoilé et d'anis vert teinté d'une pointe de réglisse est d'abord vendu sous le manteau. En 1932, il commercialise officiellement le Ricard en bouteille d'un litre permettant cinquante verres de pastis. Son coup de génie : créer un apéritif pour tous, alors que jusque-là il était réservé aux seuls fortunés. En deux mois, 250 000 bouteilles sont écoulées. Dès 1936, il distribue son breuvage partout en France et même en Espagne, en Italie et en Afrique du Nord. Lorsque le régime de Vichy promulgue en 1940 l'interdiction de produire de l'alcool, il achète le domaine de Méjanes en Camargue, y transfère ses employés, les colle à la culture du riz, produit des jus de fruits et fabrique de l'essence pour la Résistance. « *J'emmerde le maréchal Pétain et son gouvernement !* » tonne-t-il en parcourant son domaine.

Car Paul Ricard n'est pas qu'un entrepreneur, c'est un tempérament, un touche-à-tout, un bâtisseur fort en gueule et pas toujours respectueux des règles. Un as de la pub et du sponsoring également, qui a voyagé aux États-Unis après guerre pour s'initier aux nouvelles techniques du marketing. Aujourd'hui encore, on mesure à quel point la construction de l'image d'un alcool associé au Marseille populaire de Marcel Pagnol ainsi que la fabrication en masse de produits dérivés, ces cendriers et ces brocs jaune et bleu (les couleurs du soleil et de la mer), dessinés par Paul en personne et distribués dans tous les cafés, révèlent un sens commercial indéniable. Volés par des milliers de consommateurs, les objets siglés Ricard ont fait office durant des décennies de véritable publicité à domicile pour la marque. Paul ne dédaigne pas d'ailleurs de jouer lui-même au VRP de son propre produit, prenant l'accent marseillais ou le perdant selon les circonstances. *« Paul Ricard est mon père de pub »*, a souvent dit Jacques Séguéla.

Il y a chez chacun des quinze petits-enfants Ricard des photos de virées sur le *Garlaban*, le voilier de « papy », comme ils l'appellent encore tous. Ils ont conservé ses lettres où il prodigue ses conseils pour mieux apprendre et travailler avec discipline. Tous ont reçu ces éditions reliées des fables de La Fontaine, avec sa favorite, *Le Laboureur et ses enfants*, dont il répétait inlassablement la morale : *« Le travail est un trésor. »* Plus de vingt-cinq ans après sa mort, ses héritiers sont encore pétris de ses maximes délivrées autour du saucisson toujours posé sur la table : *« Il ne faut jamais lésiner sur tes rêves »*, *« On ne fait pas une course pour être numéro un »*, *« Fais de ton problème un tremplin, tu iras plus vite et plus loin »*. Aux filles qui voulaient sortir le soir, il ajoutait : *« Tout peut s'acheter sauf la réputation. »*

Ce « papy » qui emmenait ses petits-enfants observer les dauphins la nuit était un écologiste avant l'heure, amoureux de la Méditerranée. Un militant intraitable contre les pollutions industrielles et les déchets d'hydrocarbures, ces fameuses boues rouges que Pechiney projetait de rejeter au large de Cassis, projet qu'il a fait modifier, en 1963. Aux Embiez, achetées en 1958 quelques années après avoir acquis l'île de Bendor à quelques brasses de la commune de Bandol, il installe alors pour le biologiste Alain Bombard un institut océanographique, que dirige aujourd'hui sa petite-fille Patricia Ricard. Il dénonce régulièrement la grande distribution qui tue le petit commerce et transforme les entrées de villes en zones industrielles. Il s'insurge aussi contre l'État qui néglige, selon lui, la gestion des forêts, et écrit même une lettre au président Georges Pompidou, intitulée « Quand toute la forêt aura brûlé, il n'y aura plus d'incendie ». Dans le même temps, Paul Ricard ne voit pas de problème à financer la construction d'un circuit de Formule 1 au Castellet ni à soutenir avec passion la tauromachie, à Méjanes, cette belle propriété qui appartient toujours à la famille.

Au sein de sa société, celui que tous appellent alors « patron » est du genre paternaliste, bien plus social que la plupart des chefs d'entreprise de l'époque. Chez Ricard, on se targue de n'avoir jamais eu de grève. Bien avant l'existence des comités d'entreprise, les salariés peuvent compter sur des « amicales » organisant concours de boules ou lotos et gérant les colonies de vacances et les voyages du personnel.

Paul Ricard est aussi, comme le sont souvent les grands dirigeants d'entreprise, un autocrate. *« Un dictateur bienveillant »*, écrivait dans sa nécrologie le journaliste du *Monde*, Michel Braudeau. Ses cinq enfants, Danièle, née en 1938, Bernard en 1939, Béatrice en 1941, Patrick en 1945 et Michèle en 1948, écoutent religieusement leur père, à la fois admiratifs et craintifs face à ses accès de colère. Sa façon de parler de ses fils raconte à quel point il entendait garder la main sur eux : *« Ils se sont faits eux-mêmes, après m'avoir dit : "Nous voulons faire comme toi, papa." »*, confiait-il en 1969 au journaliste Louis Médéric, l'un de ses biographes.

Une forte personnalité, une ascension construite à la force du poignet, le succès et la visibilité : tous les ingrédients sont réunis pour rendre la succession difficile. Surtout, Paul Ricard décide de prendre le large alors qu'il est encore dans la fleur de l'âge. Le 18 novembre 1968, il démissionne sur un coup de tête, sans penser à la suite. Il n'a que 58 ans. Pour un hyperactif comme lui, c'est beaucoup trop tôt. Dix ans auparavant, il a eu un grave accident d'hélicoptère, en compagnie de son second fils, Patrick, au-dessus de sa propriété camarguaise. Il en est ressorti la mâchoire brisée, ce qui l'a empêché de parler pendant des mois. Depuis, il souffre de douloureuses névralgies. Son épouse, Marie-Thérèse, surnommée Mirette, a pris le parti de s'éloigner discrètement, et cette séparation a accentué son ressentiment. Exaspéré par les réglementations, en bataille permanente sur tous les fronts, il est saisi d'un ras-le-bol.

Il y a aussi un brin de mégalomanie chez lui. Un désir de donner un écho national à sa décision, comme s'il se dressait seul face à l'État. *« J'ai toujours été convaincu que j'avais œuvré dans l'intérêt général de la France »*, commence-t-il lors de la conférence de presse qu'il a convoquée pour justifier sa décision, avant de partir dans une diatribe contre la sclérose de l'administration, la technocratie et la politique fiscale de « De Gôlle », comme il appelle le Général en exagérant son accent. Peut-être s'attendait-il à un concert de protestations, lorsqu'il a lancé pour finir son discours : *« Mon tour est terminé, à vous de jouer, messieurs !* » Mais hélas, on l'approuve et même on applaudit en criant : « *Il a raison, bravo !* »

Plus tard, il reconnaîtra devant sa biographe, Marie-France Pochna (in *Paul Ricard, l'homme qui se ressemble,* Éditions P.A.U.), ce qui au fond l'a poussé à quitter si brutalement la tête de cette entreprise qu'il a fondée : « *J'étais devenu terriblement agressif et ce n'était pas compatible avec les fonctions que j'assumais, l'entreprise n'ayant en aucune façon à payer la facture éventuelle de mes prises de position politiques et de mes écarts de langage. Ma lassitude venait des combats que j'avais dû mener contre l'arbitraire et l'injustice, l'imbécillité. Je les supportais de moins en moins et je ne parvenais plus, par moments, à étouffer ma révolte.* »

Le problème est qu'il n'a rien préparé pour sa succession. Un conseil d'administration se réunit alors en urgence sur l'île de Bendor. L'idée de nommer l'aînée des enfants Ricard, Danièle, 30 ans, n'est pas envisagée une seule seconde, bien qu'elle soit très proche de son père. Quelques mois plus tôt, lors des grandes manifestations de Mai 68, on a vu émerger les premiers mouvements féministes, mais ils sont loin d'avoir encore irrigué la société tout entière, et l'idée de choisir une femme pour diriger une entreprise n'est pas du tout à l'ordre du jour. Danièle, qui avait passé son bac sans consulter son père, n'a d'ailleurs rien revendiqué.

Son frère Bernard, en revanche, deuxième de la fratrie mais aîné des garçons Ricard, semble un choix possible. Après tout, Paul l'a fait entrer quelques années plus tôt au sein du conseil d'administration et l'a nommé vice-président. En vérité, le conseil espère encore que le « patron » reviendra sur sa décision et que Bernard n'est qu'une sorte d'intérimaire destiné à rassurer les salariés et les clients de l'entreprise. Le 1er janvier 1969 cependant, le créateur emblématique du pastis qui porte son nom quitte la présidence. Bernard se retrouve à la tête de l'entreprise. Il a tout juste 29 ans.

C'est un garçon introverti qui n'a ni la faconde ni le charisme de son père. Même physiquement, il est un peu son contraire. Plus grand, le teint plus clair, des yeux bleus et des cheveux qui tirent sur le blond, il fait moins méridional et, même s'il en a gardé l'accent, moins « marseillais ». Paul Ricard l'a envoyé se former en Allemagne et aux États-Unis, il en est revenu avec de nouvelles idées sur le management et la diversification. Les années précédentes, comme administrateur, il s'était attaché à assumer les tâches auxquelles son père s'intéressait le moins : les questions financières, juridiques et fiscales. C'est lui qui s'est chargé, avec d'autres hauts cadres, de l'introduction en Bourse de l'entreprise. Il est aussi de la génération qui a adopté l'usage de l'ordinateur et les outils de planification, quand Paul croit surtout à son sens instinctif du marketing.

La presse ne voit d'ailleurs pas d'un mauvais œil ce « businessman de l'école américano-européenne ». Et c'est vrai que Bernard Ricard semble avoir un véritable sens du tournant stratégique que doit prendre la société. Le pastis Ricard remporte un immense succès populaire, c'est certain, mais si l'entreprise veut se développer, a-t-il compris, elle doit élargir son champ vers les vins et spiritueux, notamment les champagnes, et se développer à l'export.

Très vite, les premiers frottements entre le père et le fils apparaissent. Bernard est installé à Paris. Il dirige depuis la capitale, sans longues réunions ni consultations. Son père, lui, continue de parler à ses fidèles et de leur donner des directives en sous-main, depuis Marseille. Paul Ricard est resté l'actionnaire principal. Il est le fondateur. Il jouit d'une notoriété dans toute la France. Comment pourrait-il s'effacer ? Devant ses visiteurs, il ne peut s'empêcher de dénigrer les décisions de Bernard pour ce qu'il considère toujours être « son » entreprise.

« *Mon fils agit en dictateur,* se plaint-il auprès de ses collaborateurs. *Il a même refusé la maquette du journal interne,* Les Nouvelles Ricard, *à laquelle j'avais travaillé personnellement !* » Ou encore : « *Voilà quelques jours, il m'a annoncé qu'il venait d'embaucher un inspecteur des finances. Il m'a demandé ce que j'en pensais. Je lui ai dit : "Il va te flanquer tout par terre." Chez nous, il faut franchir les échelons un à un. Mais je suis certain qu'il ne m'a pas écouté.* »

Les fidèles de Paul Ricard n'ont pas prêté allégeance au successeur. Et puisque le père critique le fils, ils ne s'en privent pas non plus. Le numéro deux de l'entreprise, Charles Pasqua, est parti – au grand dam de Paul Ricard – quelques mois avant l'intronisation de Bernard, afin de rejoindre les équipes du président de la République Charles De Gaulle, dont il est un fidèle. Le 30 mai 1968, Pasqua a été l'un des artisans de la manifestation monstre en faveur du Général, contre les étudiants et « la chienlit », et s'est fait élire député dans la foulée. Les adversaires de Bernard racontent partout que son départ est lié à son refus de collaborer avec l'héritier Ricard.

Surtout, le père et le fils ne partagent pas la même vision. Bernard veut développer l'entreprise, Paul, lui, a d'autres projets. Le patriarche se passionne désormais pour la course automobile et projette d'utiliser les dividendes pour financer ce grand circuit de Formule 1, au Castellet, qu'il a déjà prévu d'inaugurer le 19 avril 1970. Seulement Bernard, tout à sa politique de diversification, entend réinvestir cet argent. Mieux, il a pris une option pour acquérir 48 % des champagnes Lanson. Il a même emprunté pour cela. Un emprunt ? Paul Ricard monte aussitôt sur ses grands chevaux : *« Je t'ai déjà dit de ne jamais travailler avec les banques, qui vous prêtent un parapluie quand il fait beau et vous le reprennent dès qu'il pleut. »* Et le voilà qui traite son fils de *« stratège en chambre »*.

La maison Ricard poursuit pourtant sa progression : de 46 millions de bouteilles vendues en 1969, elle passe à 60 millions en 1971. Paul Ricard entreprend de se rapprocher de son vieux rival, Pernod. Il charge sa banque, la Marseillaise de Crédit, de proposer une alliance à Jean Hémard, le propriétaire de Pernod. Ce dernier réclame une option sur 34 %, de quoi détenir la minorité de blocage. En somme, Paul Ricard décide de son propre chef de changer la physionomie de la société dirigée par son fils…

Cela fait beaucoup pour Bernard Ricard. Le 29 octobre 1971, il claque sa démission au conseil d'administration. Il rompt aussi avec son père, à qui il refuse désormais d'adresser la parole. Enfin, il quitte la France pour les États-Unis puis l'Andorre avec sa nouvelle épouse, France Nikravech, et la fille qu'ils ont eue ensemble, Pascale. Alexandre Ricard, lui, naît sept mois après l'éviction de son père. Il ne fera vraiment la connaissance du clan que quelques années plus tard. Lorsque Pascale retourne chez son oncle et parrain Patrick, celui-ci est devenu le nouveau patron.

Instruit par l'échec de son frère aîné, Patrick Ricard procède tout différemment. Son caractère, d'ailleurs, l'incline aux compromis. Depuis l'âge de 22 ans, il a navigué dans la société, à tous les postes, de livreur à commercial. Il a aussi fait plusieurs stages destinés aux dirigeants. Pour l'heure, il se considère encore en apprentissage. La fusion, en 1974, entre Pernod et Ricard, qui détenaient respectivement 25 % et 45 % du marché des apéritifs anisés, a multiplié la puissance du groupe. Mais la mort, en 1978, de Jean Hémard, le patron de Pernod, propulse Patrick : le voici PDG à 33 ans, en tandem avec Thierry Jacquillat, un protégé de Hémard, qui sera son directeur général.

Le tandem fonctionne parfaitement. Jacquillat est un gestionnaire solide, diplômé d'HEC et familier des stratégies de développement mondial. Patrick, lui, est plein de bon sens, sympathique, et il est porteur de ce nom magique dans son domaine : Ricard. Il vient juste de se remarier avec Corinne, une jolie Versaillaise de douze ans sa cadette. Lorsqu'ils se sont rencontrés, à un week-end de chasse avec les Bouygues, elle s'est étonnée qu'il commande un pastis à l'apéritif. Dans son milieu, on déguste plutôt du champagne ou du porto. « *Vous buvez ça ?* » a demandé la jeune fille du haut de ses 20 ans, avec une pointe d'étonnement et de mépris. « *Oui, j'en vis* », a répondu Patrick. Elle n'avait pas fait le lien avec le nom de son chevalier servant.

C'est Paul Ricard, devenu maire de Signes, ce ravissant village au pied de la Sainte-Baume où il a fait mine de se retirer, qui les marie. Car, bien sûr, le patriarche n'a pas dételé. À la fois célèbre et accessible, il continue de savoir faire battre le cœur de ses collaborateurs, des journalistes, de ses voisins, pour en obtenir ce qu'il veut. Aux Embiez, il trône au centre de grandes tablées où se mêlent le préfet et le plombier. À Marseille ou dans le Var, il se balade dans sa Lada rouge ou sa Méhari, saluant chacun. Il s'est aussi acheté une Rolls, comme un joujou qui marquerait son ascension. Un jour qu'il emmène ses petits-enfants visiter la cathédrale de Chartres, l'automobile de luxe refuse de démarrer. Debout sur un échafaudage, des ouvriers regardent cet homme fou de rage qui leur hurle depuis le trottoir : « *N'achetez jamais une Rolls !* »

Avec Patrick, il continue de tout surveiller, regardant les rapports en surlignant les lignes de chiffres de son feutre rouge ou vert, selon que les bénéfices montent ou descendent. Son fils, cependant, sait le manier avec doigté. « *Il s'entendait bien avec son père*, se souvient aujourd'hui Corinne Ricard. *C'était un héritier raisonné, un colérique contrôlé, introverti, ne montrant jamais ni ses émotions, ni ses sentiments, ni sa peur. Il avait aussi une autorité naturelle, débonnaire, souriante, mais d'un seul coup d'œil de ses yeux clairs, les gens se taisaient.* »

Patrick et sa famille habitent dans le 6e arrondissement de Paris, à deux pas du jardin du Luxembourg et de Saint-Germain-des-Prés, mais toutes les deux ou trois semaines le nouveau PDG va voir son père, dans cette grande maison de la Tête de l'évêque, où Paul continue à tester des mélanges d'alcools dans des alambics. Là, Patrick écoute longuement ses conseils, traite son père comme s'il était son associé. Jamais une publicité pour le Ricard ne passerait sans l'accord de Paul. Au sein de l'entreprise, les hauts cadres ont d'ailleurs appris à parler un langage codé : « *Est-ce que ce projet a voyagé ?* » demandent-ils avant tout lancement. Autrement dit : « *Est-ce que Paul Ricard, depuis son repaire dans le Sud, l'a vu et a dit oui ?* »

Le 7 novembre 1997, Paul Ricard s'éteint à l'âge de 88 ans. Ses obsèques ont lieu sur l'île des Embiez. La foule de ses admirateurs est si importante qu'une bonne partie suit la messe à l'extérieur de la chapelle qu'il avait fait construire. C'est le personnel qui porte son cercueil, dans lequel on a glissé une bouteille de ce pastis à son nom. Le maire de Marseille, Jean-Claude Gaudin, est venu tout exprès, ainsi que Charles Pasqua, qui souffle en grimpant la colline et blague en se penchant vers Gaudin : « *Il nous aura vraiment emmerdés jusqu'au bout.* »

En poursuivant la stratégie de rachat de grandes

marques de whisky, vodka ou champagne, le groupe Pernod Ricard a maintenant pris une dimension mondiale. Paul Ricard était une figure de la société française. Patrick Ricard devient l'un de ses patrons en vue. Fidel Castro le reçoit comme un chef d'État et lui permet de vendre le rhum Havana Club. Il fait partie des cercles de réflexion libéraux et européens. En 2003, la chambre de commerce franco-américaine l'a désigné « personnalité de l'année ». Chez lui, de grands dîners rassemblent ministres, riches collectionneurs, actrices et chefs d'entreprise. Avec son éducation, son goût pour les arts, ses tenues haute couture et son sens des mondanités, son épouse Corinne joue le rôle d'ambassadrice chic qui manquait au groupe.

L'été, à Bendor, Patrick organise de grandes dégustations pour les enfants et leurs cousins des produits du groupe : Pam Pam, Orangina, Champomy. L'hiver, les héritiers se retrouvent à Paris, dans les quartiers chics et les écoles privées. La vie de PDG de Pernod Ricard réclame de voyager sans cesse. C'est un métier qui se pratique aussi beaucoup dans les restaurants et les boîtes de nuit. Patron et cadres doivent faire honneur aux alcools du groupe et, lors des repas d'affaires, s'il n'y a pas à la carte les vins appartenant à Pernod Ricard, la consigne est alors de commander du whisky ou de la vodka parmi les marques du groupe.

Patrick rêve parfois de longues vacances, de week-ends de chasse et de soirées à l'Opéra. Il délègue de plus en plus la gestion à son bras droit Pierre Pringuet, un polytechnicien, ancien conseiller de

Michel Rocard, pour superviser les grandes décisions et représenter le groupe à l'extérieur. En 2008, alors que *Les Échos* estiment sa rémunération annuelle à 3,1 millions d'euros, il laisse les rênes pendant un an à ce numéro deux si efficace en assurant : *« J'ai atteint mes quarante ans de cotisations retraite »*, pour se consacrer à ses passions, la chasse, l'art, les grands crus et les îles du clan Ricard.

Prépare-t-il déjà sa succession ? Sa fille aînée, Karine, née de son premier mariage, a fait HEC ; elle et son mari travaillent au sein du groupe, mais elle s'éloignera après son divorce. Lorraine et Paul-Charles, les enfants qu'il a eus avec Corinne, sont trop jeunes. Son neveu, César Giron, fils de Danièle Ricard, l'aînée des héritiers, pourrait prétendre prendre la suite, mais Patrick ne s'entend pas toujours avec cette forte personnalité. Enfin, il y a Alexandre. Si Bernard Ricard continue de se tenir à distance de la famille, Patrick reçoit souvent ses enfants, l'été, à Bendor. Il a bien vu le goût du jeune homme pour le groupe, et son ambition.

En 1996, un an après avoir obtenu son diplôme de l'ESCP, Alexandre a d'ailleurs passé un entretien avec le DRH de Pernod Ricard. *« Au milieu de la conversation, je m'étais dit : "Ça ne va pas le faire", à cause de mon nom,* se souvient-il aujourd'hui, *et en sortant je suis allé signer chez Arthur Andersen. »* Tous les ans, lorsqu'il revoit Patrick lors des vacances d'été, il assure cependant : *« Un jour, je viendrai… »* Jusqu'à ce qu'en 2002 l'oncle dise au neveu : *« Si tu veux vraiment rejoindre le groupe, c'est maintenant. »*

À son bras droit, Pierre Pringuet, Patrick Ricard

a demandé : « *Il faut que tu t'en occupes.* » Et celui-ci a immédiatement compris le message : « *Jamais il n'a explicité le fait qu'il fallait le former à devenir PDG mais c'était implicite* », se souvient l'ancien collaborateur. Après l'ESCP, Alexandre a complété ses diplômes d'un MBA en finances et en entrepreunariat à la Wharton School of Business. Il a accepté de baisser son salaire pour s'aligner sur ceux du groupe de spiritueux. Alexandre entame donc le parcours interne que suivent tous les grands cadres du groupe. Directeur financier, il prend ensuite la tête de Jameson, un poste particulièrement exposé car très international. Personne n'ignore qu'il est un héritier Ricard, bien sûr, mais il n'est pas encore établi qu'il sera le successeur. À *La Tribune*, en 2006, Patrick Ricard a seulement dit : « *L'idéal, pour moi, ce serait qu'un Ricard me succède un jour, mais sans doute pas juste après moi. Il y en a deux dans le groupe qui sont un peu jeunes pour prendre la tête d'un groupe comme Pernod Ricard : le fils de ma sœur Danièle, César Giron, 42 ans, qui dirige Wyborowa, et Alexandre, le fils de mon frère Bernard, 35 ans, qui vient de prendre la direction du duty-free en Asie… Je puis vous dire que tout est réglé, même s'il m'arrive malheur demain !* »

Dauphin, Alexandre ne le devient vraiment que le jour de la mort de Patrick. Un décès brutal, le 17 août 2012, alors qu'il est à Bendor avec son épouse Corinne. Ce jour-là, ils attendent pour le dîner l'ex-ministre Roselyne Bachelot, le journaliste Franz-Olivier Giesbert et Michel Montana, le président du Mondial La Marseillaise à pétanque, le plus grand concours international de pétanque, créé autrefois par Paul Ricard. « *L'après-midi Patrick faisait la sieste dans son hamac*, se souvient Corinne Ricard. *Moi, j'étais au bord de la piscine. Il s'est levé et soudain il est tombé. J'ai entendu le choc de sa tête sur les pierres autour de la piscine. Il avait fait un AVC.* » Les pompiers mettent un temps infini à débarquer sur l'île. Il est trop tard. Patrick meurt à l'hôpital de Toulon, à l'âge de 67 ans.

Les Ricard se mobilisent aussitôt. Patrick était leur frère, oncle, cousin, mais aussi le patron emblématique du groupe. Une cérémonie aussi spectaculaire que pour Paul Ricard est tout de suite organisée. César Giron, le fils de Danièle Ricard, se charge de la dérogation préfectorale qui permet d'inhumer Patrick aux Embiez, à côté de son père Paul. « *Cela signifiait que je ne serais jamais enterrée à ses côtés* », soupire Corinne aujourd'hui. À nouveau, des ministres, élus, acteurs, patrons et jusqu'au prince Albert de Monaco se pressent pour assister à la messe en plein air, sous 5 000 ombrelles blanches achetées pour l'occasion.

Mais il faut vite penser à organiser la suite. Danièle Ricard prend la présidence de la société familiale. Il est entendu que Pierre Pringuet continuera à diriger le groupe jusqu'à sa retraite en 2015. Il reste moins de trois ans pour planifier la succession. Et chacun regarde comment les cinq branches de la famille vont s'accorder entre elles.

Toujours, jusqu'ici, le clan s'est entendu pour taire ses éventuels désaccords et rivalités. Chaque branche n'est pourtant pas dotée de la même part du capital. Paul Ricard, pour limiter l'effet de l'impôt sur les successions, avait en effet transmis ses parts directement à ses petits-enfants et arrière-petits-enfants nés de son vivant. Soit 31 personnes de deux générations différentes qui détiennent à parts égales les titres de la holding familiale. La branche de Danièle Ricard est la plus puissante financièrement, mais Alexandre est le mieux placé pour succéder au poste de PDG.

« *Avant la mort de Patrick,* raconte César Giron, *le comité des nominations avait déjà opté pour Alexandre. Il avait dix ans de moins que moi et un plus beau parcours que le mien. J'ai vérifié qu'il en avait envie. Il a vérifié que je n'avais pas de rancœur. Puis chacun est reparti à son travail.* » Et voilà comment, en 2017, Alexandre Ricard devient le PDG de Pernod Ricard, quarante-sept ans après l'éviction de son père. César, lui, prendra plus tard la présidence de la société familiale.

Avec son allure confortable de bon vivant, son bon sens et sa ruse, César Giron ressemble aux riches propriétaires terriens que l'on croise dans les romans de Balzac. « *Comme plus gros actionnaire au sein de la famille, il est un peu le patron du patron* », glisse un connaisseur du clan. Lui, quand on lui demande comment se répartissent les pouvoirs et la stratégie entre Alexandre et le clan, préfère répondre d'un air plein de sous-entendus : « *On parle.* » Quoi qu'il en soit, ils s'entendent.

Endossant le rôle de pater familias, César Giron a aussi tenté de refermer la blessure ouverte quarante ans plus tôt par l'éviction de Bernard Ricard. « *Bernard en a beaucoup souffert, tout le monde en a souffert* », justifie-t-il. Il a fait taire les rumeurs qui couraient sur des malversations financières et est de ceux qui sont allés en Andorre pour convaincre son oncle de revenir. C'est à lui que Bernard a fait appel, plus tard, pour « *mettre ses affaires en ordre* ».

Depuis sa création, le groupe a considérablement changé. « *J'ai mis quarante ans à faire de mon nom une marque* », disait autrefois Paul Ricard. Le pastis, désormais, ne représente plus que 4 % du chiffre d'affaires du groupe, dont les locomotives sont les whiskys Jameson et Ballantine's. Le fondateur voulait trouver du pastis à tous les comptoirs de bistrots français ? La France représente aujourd'hui moins de 5 % du marché, les États-Unis 20 %, puis viennent la Chine et l'Inde à égalité. Les héritiers Ricard sont riches mais ne le montrent pas. « *L'argent est un bon serviteur et un mauvais maître* », professait Paul Ricard. Lorsqu'on croise ses descendants, ils ont toujours l'air de vacanciers sympathiques et sans chichis sirotant leur apéritif. « *Ce sont des limonadiers qui ont réussi* », commentait l'ancien ministre de l'Économie Bruno Le Maire.

La famille s'est attachée à ne pas laisser les dissensions l'affaiblir. « *Quand ça va mal, ils jouent collectif, l'intérêt du groupe passe en premier* », commente un proche des Ricard. Corinne, la veuve de Patrick, a fait les frais de cette solidarité sans faille. Dix ans après la mort de son mari, celle qui vit désormais entre le Sussex (en Angleterre) et l'Argentine où elle possède un élevage de chevaux de polo, a voulu vendre ses parts – environ 0,5 % de la société Paul Ricard, soit près de 20 millions d'euros, l'essentiel des parts de Patrick Ricard (20 %) ayant été légué à ses quatre enfants à son décès. Apprenant qu'elle s'était rapprochée, pour vendre au mieux, du fonds d'investissement Elliott, les Ricard ont mis en place une véritable opération commando pour l'en empêcher. Ils ont modifié les statuts de la société, signé une charte et imposé à Corinne les mêmes obligations qu'aux descendants de la famille. Si elle veut vendre, elle a l'obligation de proposer en priorité ses actions aux héritiers Ricard. Son fils Paul-Charles, qui avait pris la place de Patrick Ricard au conseil d'administration de la société familiale, a été dans le même temps évincé, comme s'il avait fauté. Le message est clair : tout acte de déloyauté sera sanctionné.

Les Ricard savent bien que leur organisation ne peut uniquement reposer sur la contrainte. Le plus grand danger avec les familles qui s'agrandissent est de perdre le lien et de diluer le sentiment d'appartenance. Pour y remédier, les héritiers se sont lancés dans des travaux pharaoniques sur l'île de Bendor, avec la construction de deux hôtels de luxe, de boutiques, de restaurants et d'un spa pour attirer une clientèle huppée, mais aussi dans l'aménagement de nouvelles maisons pour les membres du clan. Cela ajouté aux logements existants aux Embiez, ils espèrent renouer avec les habitudes des vacances en commun de leur enfance, qui se sont un peu perdues avec le temps, et permettre aux nouvelles générations de cousins de garder le contact. Rien de tel, en effet, qu'un lieu commun pour perpétuer les mythes familiaux aussi bien que l'*affectio societatis.*

Alexandre Ricard a tout à fait conscience de la nécessité d'impliquer les plus jeunes dans l'aventure Ricard. Il organise régulièrement des apéros avec ses petits cousins pour leur parler de l'entreprise et chacun est incité à faire des stages dans le groupe. Chaque été aux Embiez, plusieurs d'entre eux sont embauchés pour des jobs saisonniers, serveur dans les restaurants de l'île ou agent d'accueil. Deux fois par an, les Ricard se retrouvent pour un séminaire interne, un moment de réflexion collective. *« Maintenant, on essaie d'écouter les non-dits des uns et des autres »*, insiste César Giron. Afin d'éviter qu'une nouvelle affaire « Bernard » ne vienne à nouveau ébranler le clan.

5.

Les Saadé

La famille et elle seule

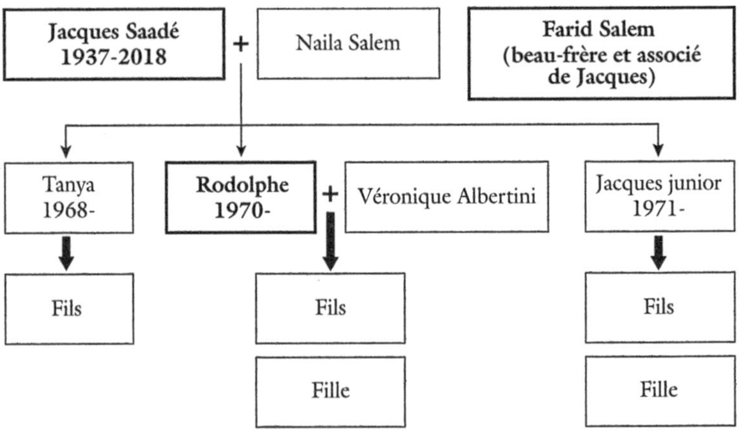
Jacques Saadé
1937-2018
Naila Salem
Farid Salem
(beau-frère et associé
de Jacques)
Tanya
1968-
Rodolphe
1970-
Véronique Albertini
Jacques junior
1971-
Fils
Fils
Fille
Fils
Fille

Un week-end de septembre 2023, Rodolphe Saadé a organisé un drôle de séminaire pour ses deux enfants et leurs trois cousins. À 54 ans, avec son allure un peu trop raide et cette voix métallique qui le fait passer au premier abord pour un timide – funeste erreur –, il est rare qu'on lui dise non. Les cinq adolescents, âgés de 14 à 19 ans, se sont donc retrouvés tout en haut de la tour de 147 mètres de haut qui porte le nom de leur grand-père, Jacques Saadé, le père de Rodolphe. C'est là, dominant Marseille et la Méditerranée, que sont logés une partie des bureaux de CMA CGM, le géant du transport maritime, de la logistique et des médias qui appartient à la famille.

Il faut imaginer la scène, digne d'une superproduction hollywoodienne. Gros plan, d'abord, sur ces cinq jeunes gens, dans leur gaieté juvénile et leur aisance d'enfants favorisés. Marseillais jusqu'au bout des crampons, les garçons rêvent de devenir footballeurs ; les filles, elles, démarrent tout juste leurs études supérieures. Leur nom est devenu célèbre en un claquement de doigts, charriant dans son sillage un parfum de succès et d'argent à profusion, mais ils n'ont pas encore complètement saisi ce que cet héritage suppose. Le voici justement sous leurs yeux, ce trésor qui leur reviendra : plan large sur la mer bleue à perte de vue et, en plongeant à pic au pied de l'immeuble de verre, les quais du port de la Joliette, où des dockers déchargent depuis d'énormes bateaux ces milliers de conteneurs multicolores qui nourrissent le commerce mondial et font la fortune du clan.

Si Rodolphe Saadé a voulu ce rendez-vous familial inhabituel, c'est qu'il souhaite transmettre à ses enfants et neveux l'histoire de l'entreprise. Et plus encore, alors qu'il est si jeune et au faîte de sa puissance, leur signifier qu'au moment venu l'un ou l'une d'entre eux devra prendre sa place. Exactement comme son propre père lui avait dit : *« Un jour, tu me succèderas, mais il va falloir d'ici là que tu travailles dur »*, le mettant au défi de le remplacer et peut-être même de le dépasser.

Ils ont donc devant eux le spectacle de leur fortune, avec ces cargos, ces grues, ces dockers qui s'affairent. Et en voix off, ce cadre dépêché par Rodolphe Saadé pour leur en expliquer le véritable poids dans le commerce mondial. Depuis la crise du Covid-19, les résultats du groupe ont littéralement explosé : en 2023, CMA CGM affichait un chiffre d'affaires record de plus de 47 milliards de dollars. La compagnie est devenue numéro trois mondial dans le domaine du transport maritime et numéro cinq dans la logistique, une branche dans laquelle la famille n'a pourtant investi qu'en 2019. Mieux, le groupe, dont la notoriété ne dépassait guère les frontières de la cité phocéenne et le milieu des armateurs, est devenu tout à la fois un des plus beaux fleurons français et une puissance mondiale. Une présence dans 180 pays, 160 000 collaborateurs, 652 navires, des acquisitions prestigieuses dans les médias, de *La Provence* à BFM TV.

À Marseille, où les enfants Saadé ont suivi leur scolarité et où la compagnie a établi son siège, CMA CGM est le premier employeur privé de la ville. D'ailleurs, ils savent déjà qu'elle sponsorise les maillots de l'OM et multiplie les dons dans les secteurs de l'éducation et de la santé. Ils ont aussi lu dans les journaux que la famille était entrée dans le Top 5 des fortunes françaises en 2022, selon le magazine *Forbes.* Une success-story industrielle comme la France n'en avait pas connu depuis longtemps. Dire qu'il y a encore une trentaine d'années, la bourgeoisie marseillaise appelait cette famille syro-libanaise, avec une condescendance teintée de racisme, « les manouches »…

La compagnie est aujourd'hui devenue un acteur si important de l'économie mondiale que même la littérature s'en est emparée. L'écrivain Michel Houellebecq, connu pour son goût de l'anticipation, l'a glissée dans son dernier roman, *Anéantir.* Il imagine la disparition d'un porte-conteneurs géant et attribue à l'armateur, rebaptisé CGA-CGM, la volonté de censurer l'événement dans la presse…

Avec sa discipline de fer et son expérience d'héritier, Rodolphe Saadé connaît cependant la malédiction qui pèse souvent sur les troisièmes générations, nées dans l'opulence, et le dicton que les grands patrons se chuchotent à l'oreille : *« La première génération crée, la seconde gère, la troisième tue. »* S'il ne veut pas faire de ses enfants des « fils à papa » et des médiocres, il sait qu'il est nécessaire de les instruire dès le plus jeune âge sur l'ADN du groupe, ses résultats, afin qu'ils s'en sentent autant dépositaires que responsables ; de leur donner envie non pas seulement d'en profiter, mais d'y consacrer leur vie afin de perpétuer l'œuvre de leurs aînés.

Véronique Saadé, son épouse, le dit à peine autrement : *« Beaucoup de choses ont été écrites dans la presse sur nous, des chiffres sont sortis sur notre fortune, nos enfants lisent des informations sur les réseaux sociaux,* observe-t-elle. *C'est important de leur faire comprendre d'où l'on vient, que tout n'a pas été simple, qu'il y a des hauts et des bas, que tout peut s'arrêter. »* Cette blonde pétulante d'origine corse et issue des classes moyennes a rencontré son mari en 1998 lors de vacances à Beyrouth alors qu'elle travaillait pour Dior. Aujourd'hui à la tête du pôle média du groupe, elle est très attentive aux valeurs transmises à ses enfants : *« Nous essayons de leur montrer que l'entreprise fait vivre 180 000 familles, on essaie de leur donner envie. Quand on voit son père se lever tôt tous les matins et rentrer tard le soir, on comprend ce que sont la valeur travail et le mérite. Tout le monde bosse dans cette famille ! »*

Un message pas si facile à faire passer. Lorsque Rodolphe Saadé a dit clairement sa façon de voir les choses – *« Si un jour vous êtes tentés et si vous en avez les compétences, vous pourrez entrer dans le groupe »* –, son fils, Jacques, qui porte le nom de son grand-père, a souligné avec ironie : *« Ce que je retiens, c'est que tu n'as pas succédé à ton père avant l'âge de 40 ans. Ça me laisse le temps de faire ma carrière de gardien de but ! »* Ses parents ont levé les yeux au ciel. Il y a quelques mois, interrogé par le *Financial Times* qui lui demandait comment il réagirait si l'un de ses enfants voulait être musicien, Rodolphe Saadé s'en était sorti par une pirouette : *« Il faut leur laisser le choix, mais ils sont cinq et nous n'avons pas besoin d'un orchestre. » « Sur les cinq enfants, on espère bien qu'il y en aura un pour succéder »*, confesse Véronique Saadé.

Prêtent-ils encore seulement attention, ces jeunes gens, au squale métallique de cinq mètres de long sculpté par l'artiste Xavier Veilhan, œuvre qui accueille les visiteurs et les 2 500 salariés de cette tour ultra sécurisée sur le port de la Joliette ? Savent-ils qu'il y a longtemps déjà, dans l'immeuble mitoyen qui abritait le groupe à ses débuts, leur grand-père, Jacques Saadé, avait fait installer au rez-de-chaussée un aquarium contenant de vrais requins ? Hommage au monde maritime ou manière de signifier la férocité du monde des affaires…

Jacques Saadé lui-même avait la dent dure. Il avait fallu se montrer coriace pour s'imposer sur le port de Marseille, longtemps dominé par le syndicat des dockers, celui des manutentionnaires et, jusqu'à l'assassinat de Francis le Belge, en septembre 2000, par la mafia. Les petits-enfants de Jacques ont-ils saisi les détails de cette histoire taillée dans l'étoffe dont on fait les légendes ? Farid Salem, l'oncle de Rodolphe, en est le meilleur conteur.

À 85 ans, habillé élégamment d'un costume bleu nuit sur un polo assorti, il raconte avec cet accent libanais qui roule d'où venait Jacques, qui allait devenir son beau-frère : *« Une très grande famille syrienne, dotée de nombreuses usines, de propriétés et d'autant de champs d'oliviers qui s'étendaient à perte de vue. »* En 1963, la politique de nationalisation du régime autoritaire d'Hafez el-Assad a mis les Saadé à genoux. Traumatisé, Jacques a émigré au Liban, où il n'a eu de cesse de reconstruire une entreprise familiale, toujours à l'affût d'une « bonne affaire » qui lui redonnerait l'aisance et la fortune perdues.

C'est l'une de ces occasions qui l'amène en France : l'homme a pris la direction de la ligne maritime Beyrouth-Marseille pour la Compagnie méridionale d'armement (CMA) qui périclite. Le 12 septembre 1978, il a rendez-vous à Marseille avec son beau-frère, qui a quitté le Liban des années plus tôt pour se lancer dans la pêche industrielle de crevettes à Madagascar. À l'ordre du jour : entériner la décision d'arrêter la ligne ou… racheter l'entreprise. *« Jacques a saisi l'occasion au quart de tour comme il savait le faire »*, se souvient Farid Salem. Ils se lancent à cinq avec un seul bateau, dans un petit bureau donnant sur le port de la Joliette, à quelques centaines de mètres de la tour de verre qui s'érigera, bien plus tard, en symbole de leur réussite. Ça, ils ne le savent pas encore.

« On ne pensait pas rester à Marseille, mais la vie au Liban était devenue impossible avec la guerre », poursuit-il. Le 13 avril 1981, Naïla Saadé et ses trois enfants arrivent en France. Tanya, la fille aînée, se souvient

encore de la traversée de Beyrouth, allongée à l'arrière de la voiture avec ses frères pour franchir la ligne de démarcation, l'angoisse au ventre, avant d'atteindre l'aéroport. La famille regroupée à Marseille vit les premiers temps à l'hôtel. Naïla a laissé les valises dans le couloir, prête à repartir au pays. Un an plus tard, Jacques prend acte de leur installation durable et finit par louer un appartement dans le quartier de la Cadenelle.

Rodolphe a 11 ans, il parle le français avec un accent, l'intégration n'est pas si aisée : *« Les gens nous regardaient en se disant : "Qui sont ces Libanais ? Ils sont chrétiens ou musulmans ?" » On s'est adaptés et Marseille est devenue notre ville de cœur »*, résume-t-il pudiquement.

Dans les affaires comme dans la vie, Jacques Saadé et Farid Salem forment un duo efficace et complémentaire. Ils comprennent vite que le port est, à l'époque, un endroit où tout le monde s'arrange avec tout le monde : les armateurs, les dockers, les politiques, les manutentionnaires, les trafiquants de tout poil et le Milieu. Mais au mitan des années 80, la CMA (Compagnie maritime d'affrètement) prend de l'ampleur. Jacques Saadé a pressenti que le commerce nord-sud serait supplanté par un axe est-ouest. Il crée de nouvelles lignes vers les États-Unis et l'Asie, les développe, rachète en 1996 la CGM (Compagnie générale maritime) après sa privatisation et, à la fin des années 90, fait entrer sa compagnie dans le Top 10 des armateurs mondiaux. Dans les bureaux, désormais plus vastes, un esprit facétieux et clairvoyant a dessiné sur un mur Jacques

Saadé, assis dans un transat sur la plage et lisant un journal international. Derrière lui est croqué son directeur financier qui souffle : « *Monsieur, la marée monte...* », et le chef d'entreprise qui assène dans une bulle : « *Achetez !* »

Un conflit, pourtant, déchire la famille. Si Jacques s'entend parfaitement avec son beau-frère Farid, une guerre terrible l'oppose à son propre frère, Johnny. « *Il était loin, il était resté au Liban et ne comprenait pas ce que l'on voulait faire* », explique Farid Salem dont la diplomatie échoue, cette fois, à calmer le jeu. « *Johnny n'adhérait pas à notre stratégie.* » Le conflit entre les deux frères se poursuit jusque devant les tribunaux. Des dizaines de procès ont lieu au Liban, en Syrie et en France, entre 1996 et 2000. Un accord met fin à leur querelle, mais Jacques et Johnny ne se reverront jamais. Ce traumatisme, le clan veut à tout prix éviter de le revivre.

Rarement une entreprise familiale n'a aussi bien porté son qualificatif. Dès leur plus jeune âge, les enfants de Jacques Saadé ont travaillé avec leur père. Tanya, d'abord. Elle est l'aînée. Une grande et belle femme, dotée d'un caractère bien trempé – des coups de gueule spectaculaires faisant parfois trembler les collaborateurs du groupe. Dès 1995, après des études de marketing, un premier job au sein de l'agence de communication Euro RSCG et un passage chez Orangina, elle rejoint son père. « *Il m'a demandé de l'aider et je me suis installée dans le bureau d'à côté* », dit-elle comme une évidence. Elle voue un véritable culte à son père qui, en retour, la couvre de toutes les attentions. Jacques Saadé aime ainsi raconter qu'il a allumé un cierge à la cathédrale de Damas en faisant le vœu que sa fille tombe enceinte. Quelques semaines plus tard, cette dernière lui annonce qu'elle attend un enfant. Ce père qui se croyait tout-puissant ajoutait par la suite avec gourmandise que son vœu avait été exaucé à la seconde même où il avait été émis.

Pas une seconde, cependant, il n'a été question dans la tête de quiconque qu'elle puisse lui succéder. « *Dans notre tradition orientale, le fils aîné reprend les affaires du père, Rodolphe était donc tout désigné* », explique son oncle Farid Salem. « *Succéder n'a jamais été mon choix ni ma volonté. Pour moi, il a toujours été clair que ce serait Rodolphe* », répond, en écho, Tanya. À 56 ans, elle est directrice générale déléguée du groupe et en dirige toujours la communication interne et externe. Elle s'occupe également des grands projets immobiliers. Son mari, Elie Zeenny, a été responsable informatique de la compagnie avant de passer la main. Sa mère, Naïla, dont les tableaux ornent les murs de la tour, a lancé la fondation.

Farid Salem, après avoir longtemps été aux côtés de Jacques puis de Rodolphe, est aujourd'hui à la retraite, mais deux de ses filles aînées sont salariées de l'entreprise. Le petit frère de Rodolphe et de Tanya, Jacques Junior, né avec un handicap, a lui aussi trouvé sa place dans l'organigramme de CMA CGM. Il s'occupe d'immobilier, sous la responsabilité de sa sœur. Cette solidarité fraternelle ne s'est d'ailleurs jamais démentie. Dès la mort du patriarche en 2018, Rodolphe a aussitôt promis à son petit frère : « *Ne t'en fais pas, je vais m'occuper de toi.* » Il ne le cache pas, d'ailleurs : *« Je me sens un devoir de protection envers lui. »*

S'il détient un nombre équivalent de parts dans la holding familiale que sa sœur et son frère, Rodolphe est l'unique patron de l'empire. Car selon la formule consacrée parmi les cadres et de la famille, *« sur un bateau, il ne peut y avoir qu'un seul capitaine »*. C'est lui qui décide de la stratégie, tranche en cas de problème, même s'il consulte sa sœur sur toutes les décisions importantes. *« Tanya et Rodolphe se parlent vingt-cinq fois par jour, ils sont comme des jumeaux »*, témoigne Farid Salem. *« Mon frère me tient au courant de tout avant même qu'il ne l'annonce au comité exécutif »*, confirme Tanya. Si elle ne conteste pas ses avis sur le maritime – *« C'est lui l'expert, je ne vais pas le challenger là-dessus »* –, elle n'hésite pas à faire part de ses éventuels désaccords sur d'autres sujets. *« Il écoute, mais il est le patron. »*

Les Saadé constituent un véritable clan où la frontière entre les affaires et la vie privée n'existe pas. Ses membres ne se contentent pas de travailler ensemble, ils vivent à côté les uns des autres, dans une résidence huppée et sécurisée où loge une partie de la bourgeoisie marseillaise. La mère Naïla y habite, comme Farid Salem, Rodolphe et Véronique. Tanya vient tout juste de la quitter pour s'installer dans la maison de ses parents, qu'elle a fait rénover. À Marseille, il n'est pas rare de voir toute la famille débarquer dans les institutions gastronomiques de la ville, au Petit Nice, à La Villa, ou Chez Michel pour la bouillabaisse. On ne les croisera, en revanche, ni au Théâtre de la Criée ni aux avant-premières : le business et l'actualité constituent leurs uniques centres d'intérêt.

Ils ne cherchent pas non plus à se montrer. *« On ne veut pas ressembler aux autres »*, cingle Tanya, bravache. S'ils sont contraints de venir de plus en plus souvent à Paris, ils fuient les mondanités, au grand dam des cénacles économiques qui aiment à se moquer avec condescendance de leur côté « provincial » et « austère ». À dire vrai, les Saadé n'ont ni changé leur façon d'être ni leurs habitudes, depuis que leur fortune et leur notoriété ont été démultipliées. Il arrive même encore à Rodolphe d'aller courir le long de la Corniche comme il le faisait lorsqu'il était anonyme. Seule véritable nouveauté : la famille a dû s'adjoindre les services d'une entreprise de sécurité.

À la maison comme au bureau, Tanya et Rodolphe continuent de se parler en arabe, leur langue natale. Un moyen, quand ça les arrange, de ne pas se faire comprendre de leurs collaborateurs. Les vacances, c'est aussi ensemble qu'ils les passent. L'été, Rodolphe accueille toute la famille dans sa luxueuse villa de Saint-Tropez, achetée pour 27 millions d'euros aux héritiers de Gérard Oury et rénovée par l'architecte de renom Jean-Michel Wilmotte. Chaque hiver, la petite troupe, de la grand-mère aux petits-enfants, se retrouve au Liban pour passer les fêtes de Noël dans des hôtels chics situés en altitude. *« Nous sommes très unis, on aime passer du temps ensemble,* souligne Rodolphe de son timbre de voix si particulier. *On a chacun acheté un appartement au Liban, deux de nos tantes y habitent encore. On y va dès que l'on peut, on prend cinq kilos et on rentre !* » Le Liban, ce n'est pas seulement une destination de vacances. La famille reste très attachée à son pays d'origine. Elle y a conservé des bureaux, installé son hub digital ; et dès l'explosion du port de Beyrouth, le 4 août 2020, un navire de la compagnie s'est mis en route pour apporter de l'aide d'urgence.

L'exil a fortement impacté la psyché familiale, même si, contrairement à la légende, ce n'est pas la guerre au Liban qui a jeté ces chrétiens orthodoxes sur le port de Marseille. « *C'est cette famille soudée qui nous a permis d'avancer* », insiste Tanya dans son grand bureau tapissé de publicités pour le groupe. Conserver leur bonne entente, tisser les liens les plus forts possible entre leurs enfants est l'obsession de Rodolphe, Tanya et Junior. La fille de Rodolphe et le fils de Junior ont emménagé dans des chambres mitoyennes à l'université de Bath en Angleterre, comme s'il était important de faire tribu, même loin de leurs bases.

Quelques mois après sa journée d'initiation, elle est à nouveau là, cette joyeuse bande d'adolescents, pour le « sacre » du chef de famille. Les chevelures rousses des enfants de Jacques Junior se mêlent aux tignasses brunes de ceux de Rodolphe et ceux de Tanya. Les garçons portent des costumes parfaitement repassés sur des chemises d'un blanc immaculé. Chacun des invités – et ils sont plusieurs centaines – peut observer cette relève et faire ses pronostics sur celui ou celle qui reprendra un jour les rênes de l'empire.

Ce 8 mai 2024, deux immenses panneaux coulissants s'ouvrent théâtralement sur le bâtiment rénové par l'architecte Jean-Michel Wilmotte et qui accueille Tangram, une école dédiée aux membres du groupe CMA CGM, le dernier joujou de la famille Saadé. Selon une chorégraphie scrupuleusement élaborée par l'agence de communication Havas, le président Emmanuel Macron s'éloigne avec son « ami » Rodolphe sous les objectifs des photographes pour faire quelques pas seuls vers le bâtiment. Dans leur sillage, leurs épouses Brigitte Macron et Véronique Saadé, les ministres Gérald Darmanin, Sabrina Agresti-Roubache et Amélie Oudéa-Castéra – qui ne savent pas encore que leurs postes au gouvernement ne seront bientôt qu'un lointain souvenir –, d'anciens ministres comme Françoise Nyssen ou Clément Beaune, des élus régionaux, le président de la région Renaud Muselier, le maire de Marseille Benoît Payan et son prédécesseur Jean-Claude Gaudin – dont ce sera la dernière sortie publique avant son décès, le 20 mai –, Tanya Saadé et le reste du clan.

Des chefs d'entreprise sont également là et non des moindres : le milliardaire des télécommunications Xavier Niel et sa compagne Delphine Arnault, directrice générale de Dior, que le président de la République embrasse de bon cœur, l'homme d'affaires Stéphane Courbit, l'ancien président d'Orange Stéphane Richard, l'héritier Laurent Dassault, et même un ecclésiastique, Mgr Aveline, archevêque de

Marseille. Outre la quasi-totalité des hauts cadres du groupe, la bonne société marseillaise, celle-là même qui pendant des décennies a refusé de fréquenter les Saadé de trop près, s'égaille autour de buffets abondamment garnis. *« Vous étiez quatre à vos débuts, vous êtes désormais 180 000, c'est le fait de l'audace, de la résilience, de la persévérance »*, venait de résumer, devant eux, le chef de l'État. *« Rien n'était acquis il y a quarante-cinq ans »*, s'est-il exclamé après avoir égrené les bons résultats du groupe et rendu hommage à « Rodolphe » et « Tanya », pour conclure : *« Longue vie à Tangram ! Longue vie à CMA CGM ! »* Qui de mieux qu'un président en exercice pour dresser le panégyrique d'une réussite ?

Ce 8 mai 2024, jour de l'arrivée de la flamme olympique dans la cité phocéenne, Rodolphe Saadé, sponsor des JO, comme le rappelle la présence d'un des plus gros porte-conteneurs de la compagnie dans la rade, n'a pas seulement Marseille mais la France à ses pieds. À peine le nom de Jacques a-t-il été prononcé ce jour-là. C'est dire si, aux yeux de tous, le fils a éclipsé le père.

La succession ne s'est pourtant pas faite en un jour, loin de là. S'il a toujours ardemment désiré que son fils prenne sa suite, Jacques Saadé, comme nombre de fondateurs, n'était pas pressé de lâcher les rênes. C'est pourtant lui qui avait fait entrer son fils dans l'entreprise, avant de lui concocter un cursus sur mesure. Très jeune, Rodolphe, qui étudie au Canada, montre une appétence et une agilité pour le business. La famille aime raconter son premier « exploit », et pas sous la houlette de

« papa ». Nous sommes au début des années 90. Tanya et Naïla rendent visite à Rodolphe à chaque période de vacances scolaires. Dans l'appartement qu'il occupe trône un refroidisseur d'eau. *« Pourquoi tu ne vendrais pas ça à Beyrouth ? »* lui dit sa mère. Titillé, le jeune homme se lance dans une étude de marché et de faisabilité, la montre à son père et lui demande un prêt de 50 000 dollars pour monter sa petite entreprise. Sa sœur Tanya l'aide pour la communication et le marketing, une affaire de famille déjà. La société engrange bientôt des bénéfices. Rassuré de voir son fils si bien se débrouiller – ou inquiet de le voir s'éloigner du giron familial –, Jacques Saadé sonne quatre ans plus tard la fin de la récréation : *« Ça suffit maintenant : tu vends ton truc et tu intègres l'entreprise. »* Rodolphe s'exécute.

Chez CMA CGM, il commence au bas de l'échelle, ou presque. On l'envoie d'abord à New York, où le patron local lui apprend le métier de transporteur tout en informant le big boss des progrès du fiston. Lorsque le père craint de voir son fils prendre goût à la vie new-yorkaise, il lui enjoint de faire à nouveau ses valises, pour Hong-Kong cette fois. En 1997, Rodolphe est de retour à Marseille. Pour Jacques, cela va de soi : *« Évidemment, tu rentres habiter à la maison ! » « Tu exagères, il a 26 ans ! »* intervient son épouse. Rodolphe obtient finalement de prendre un appartement à côté de chez ses parents.

À la CMA CGM, il se voit confier une ligne maritime, puis une deuxième, une troisième, et bientôt toutes. La pression est montée d'un cran en même temps que les responsabilités. Il accompagne son père partout, en voyage, en rendez-vous, avec les banques et les clients. Jacques l'autocrate, que de nombreux salariés surnomment « Dieu le Père », ne se gêne pas pour rabaisser son fils en public. Plusieurs journalistes marseillais se souviennent de scènes gênantes, comme lors d'une conférence de presse où il assène : *« Mon fils est persuadé qu'il sera un jour un grand homme, mais il ne m'arrivera jamais à la cheville. »* Aujourd'hui, soucieux d'embellir la légende paternelle, les enfants s'attachent à minimiser la dureté du père : *« Il était très exigeant, mais c'était pour mon bien, il voulait que je réussisse, que j'apprenne un maximum de choses. Un patron d'entreprise ne peut pas être un Bisounours »*, l'excuse Rodolphe qui a, lui aussi, la réputation d'être cinglant avec ses collaborateurs.

Aux côtés de son père, il montre assez vite de quoi il est capable. Mais c'est en 2008 que le successeur programmé fait véritablement son baptême du feu. Le 4 avril, au large du golfe d'Aden, des pirates somaliens attaquent un navire de la Compagnie du Ponant – filiale du groupe CMA CGM – avec trente membres de l'équipage à bord. L'Élysée monte immédiatement une cellule de crise et Nicolas Sarkozy envoie des experts du RAID et du GIGN auprès de la direction de la compagnie à Marseille. Au bout de deux jours, Rodolphe décide de prendre les choses en main et de parler directement avec les ravisseurs : *« Je le sens. »* Le 11 avril, après d'intenses négociations, les otages seront libérés contre une forte rançon, qui sera ensuite partiellement récupérée grâce à l'arrestation d'une partie des pirates. À la CMA CGM, on regarde désormais le fils du patron différemment. « *Rodolphe s'est révélé pendant cette crise,* note Jean-Emmanuel Sauvée, ancien directeur du Ponant qui a vécu cette folle semaine de tension en direct. *Je me suis dit : Jacques peut dormir sur ses deux oreilles, son fils a le niveau.* »

Un an plus tard, une autre épreuve attend le groupe. À l'automne 2009, suite à la crise des « subprimes », CMA affiche des milliards de dettes. Le patron de BNP Paribas, Baudouin Prot, mène la fronde pour débarquer Jacques Saadé et lui impose même un directeur général, le polytechnicien Philippe Soulié. Le patriarche, pour ne pas perdre complètement la face, le fait encadrer de deux directeurs généraux : son fils Rodolphe et son beau-frère Farid Salem. Surtout, il trouve un investisseur turc : Robert Yildirim prend 24 % des parts et obtient du pouvoir que BPIFrance mette 3 %, un montage qui permet à la famille de sauver sa peau. L'activité repart et Jacques récupère les pleins pouvoirs.

Pendant cette période où ils ont frôlé la ruine, la famille s'est soudée encore davantage. Rodolphe a gardé de cette épreuve, où il accompagnait son père supplier les banques de les aider, un souvenir cuisant et un puissant désir de revanche contre un certain « establishment ».

En 2016, c'est lui qui mène les négociations pour l'acquisition du géant singapourien NOL en nouant des alliances avec le chinois Cosco. Mais, pour chaque décision, il doit encore en référer à son père. Rodolphe s'impatiente. « *Quand je lui disais : "J'en ai assez de regarder, je veux faire", il me répondait : "Attends, ton tour viendra."* » Pour illustrer leur relation de l'époque, Rodolphe Saadé a aujourd'hui ce geste : vous tendre une assiette, puis la reprendre, l'avancer à nouveau et la retirer aussitôt. « *Avec lui, c'était ça, "je te donne, je reprends"* », dit-il. « *Rodolphe était sans doute prêt à succéder avant, mais pour mon beau-père qui avait été dans l'action toute sa vie, il était difficile de s'arrêter* », se souvient son épouse Véronique. « *Jacques pensait qu'il serait à la tête de l'entreprise jusqu'à son dernier jour* », résume Farid Salem. La maladie va pourtant le contraindre à envisager la situation autrement.

Depuis quelque temps, le patriarche a perdu son tonus et, de plus en plus fréquemment, la mémoire. Il bute sur les mots, lui qui, autrefois, discourait d'une voix forte et assurée. Tout le monde le remarque, bien sûr. Durant l'année 2016 Rodolphe tente de ménager l'orgueil paternel. Il consulte en cachette les membres du conseil d'administration, mais laisse son père continuer à présider celui-ci et lire, avec difficulté, des discours prérédigés en gros caractères.

Pour les 80 ans du patriarche, au printemps 2017, les cadres du groupe sont réunis en grande pompe dans la tour Saadé. La rumeur d'une transition imminente bruit dans les couloirs et les ascenseurs. Jusqu'au dernier instant, Rodolphe doute : « *Tu vas voir qu'il est capable de ne rien annoncer* », glisse-t-il à l'oreille de sa sœur. Le vieil homme prononce finalement les mots tant attendus : Rodolphe a toutes les capacités pour lui succéder, dit-il en substance. Il gratifie son fils d'une accolade. C'est Tanya qui se charge du communiqué à la presse pour officialiser le changement à la tête de la compagnie. « *Et un jour,* se souvient l'ancien ministre des Transports Dominique Bussereau, alors administrateur de CMA CGM, *Jacques n'est plus venu et Rodolphe l'a remplacé.* »

Mais tant que le père est en vie, Rodolphe n'a pas vraiment les coudées franches. « *Il m'avait demandé de passer lui faire un point tous les matins, ce que je faisais,* raconte le fils. *Il me disait "à demain" et une heure plus tard il me rappelait déjà ! Je lui répétais : "Je gère, laisse-moi tranquille, je peux me débrouiller." Mon oncle lui disait : "Fiche-lui la paix !" Ma mère intervenait également quand il y avait des tensions.* » Parfois, tout de même, Jacques écrit des petits mots gentils à son fils aîné : « *Tu t'es bien débrouillé* », « *Je suis fier de toi.* » Les compliments et les marques d'affection sont si rares dans cette famille que Rodolphe les a précieusement gardés.

La situation ne dure pas. Jacques Saadé meurt le 24 juin 2018. Ses obsèques dans la cathédrale de la Major sont grandioses. Des armateurs du monde entier sont venus lui rendre hommage aux côtés d'une foule immense de collaborateurs et de personnalités marseillaises. À la sortie de la messe, à midi pile, tous les bateaux de la CMA CGM regroupés dans la rade sonnent la corne et font jouer les lances à eau. Une mise en scène impressionnante que les présents évoquent encore avec la chair de poule. Jacques repose désormais au cimetière Saint-Pierre dans le « carré VIP » où il avait fait construire un grand mausolée doté d'un dôme en marbre blanc. Des cèdres du Liban se dressent en arrière-plan.

Sur le fronton est gravé : « Famille Jacques Saadé ». Manière de signifier que le clan restera marseillais.

« À la mort de son père, Rodolphe s'est déployé, ça l'a libéré », reconnaît Farid Salem. Rodolphe Saadé a attendu plusieurs mois avant de s'installer dans le bureau de Jacques, au 30e étage de la tour, et de le décorer à sa façon. C'est de cette vaste pièce qui domine à la fois terre et mer qu'il s'est lancé à la conquête de nouveaux défis. Moins rond et levantin que son père, il a la réputation d'être tout à la fois très intelligent, dur, introverti et méfiant. Des traits de caractère qui détonnent dans le milieu parisien des affaires, qui aime à afficher une décontraction de façade. Mathieu Friedberg, grand patron des activités de logistique qui a démarré avec le père en 1995, le décrit ainsi : *« Il a le goût de l'opérationnel et du commercial, il aime être au contact des clients, il questionne les situations établies comme son père et surtout il ne s'arrête jamais. »* L'oncle Farid Salem précise : *« Jacques, c'était l'exigence et il avançait à pas comptés. Rodolphe, c'est l'excellence et il avance au pas de course. »* Un bulldozer qui travaille non-stop, veut tout contrôler jusqu'au moindre détail et épuise ses collaborateurs.

Une véritable valse des hauts cadres scande la vie de la plus haute tour de Marseille. Rodolphe Saadé a hérité de l'exigence de son père : les collaborateurs du groupe doivent impérativement vivre à Marseille, porter costume et cravate, être disponibles 24 heures sur 24. *« Le fils se venge sur les autres des humiliations subies par son père »*, commente un économiste qui a fréquenté les deux générations. *« Pour travailler ici, il faut aimer être dans le mouvement en permanence »*, préfère dire le directeur financier du groupe récemment recruté, Ramon Fernandez. « *Ici, on a un patron qui arrive avant tout le monde et qui part après tous ses employés. Ceux qui ne tiennent pas, c'est qu'ils ne sont pas faits pour ce rythme de travail* », abonde Patrice Bergamini, directeur des relations extérieures de la CMA CGM.

Alors, certes, le Covid a été pour l'entreprise une bénédiction. Si l'épidémie a, un temps, ralenti le trafic, la consommation est très vite repartie à la hausse. Résultat : un taux de fret qui passe de 2 000 à 20 000 euros par conteneur, la compagnie engrange plus de 40 milliards d'euros en 2021 et 2022. Une aubaine, d'autant plus que le transport maritime européen bénéficie d'une fiscalité hyper avantageuse ayant permis à la famille de voir sa fortune exploser sans presque payer d'impôts. « *Il était dans la bonne activité au bon moment* », persifle un chef d'entreprise. « *Le Covid nous a aidés, mais si Rodolphe n'avait pas autant investi dans les bateaux, s'il n'avait pas cru en son marché, de tels résultats n'auraient pas été possibles* », le défend son épouse Véronique.

Face à cette arrivée providentielle de liquidité, Rodolphe Saadé décide de lancer la diversification de son groupe en investissant massivement dans la logistique, une activité beaucoup moins sujette aux lois du marché ou aux secousses géopolitiques. Il rachète ainsi des géants du secteur comme CEVA, GEFCO ou Bolloré Logistics en 2024, jusqu'à devenir numéro cinq mondial du secteur. Il poursuit également le développement du transport avec la mise en construction de 90 navires supplémentaires, l'achat de terminaux à New York ou Valence et Bilbao. D'aucuns laissent entendre qu'il obéirait aux demandes d'Emmanuel Macron, ce président si admiratif de sa réussite et qui l'invite quand il reçoit les plus grands de ce monde (le président chinois, Joe Biden), l'emmène en visite d'État à Washington ou en Algérie. Le transporteur maritime est en effet devenu stratégique pour l'État français. Des relations diplomatiques qui se tendent avec les Chinois, la guerre en Ukraine, le conflit entre Israël et les Palestiniens, ce sont autant de routes qui se ferment, de marchandises qui prennent des itinéraires plus longs et donc plus coûteux. Ce qui se passe sur les mers est un indicateur économique majeur. Il aide à prévoir les hausses de prix, les difficultés d'approvisionnement de tel ou tel produit. Il suffit d'aller dans le « fleet center », la fierté du groupe, où un écran géant et des logiciels truffés d'intelligence artificielle permettent de visualiser en direct le positionnement et la progression de chaque bateau, mais également les phénomènes météorologiques, les zones de piraterie ou de terrorisme, pour comprendre la force du groupe. L'État a besoin des informations de la CMA CGM et cette dernière a besoin du regard bienveillant du pouvoir politique, qui lui garantit non seulement le maintien de sa niche fiscale si avantageuse, mais aussi concrètement la protection de ses navires par la marine française dans les endroits sensibles longeant les zones de guerre.

On saisit mieux pourquoi, lorsque Emmanuel Macron a besoin d'un service, les Saadé ne tergiversent pas. Ainsi la compagnie n'hésite pas à mettre la main au portefeuille quand Air France, dont elle est devenue le premier actionnaire privé, a besoin d'être renfloué. Les Saadé ont du cash à ne plus savoir qu'en faire et sont sollicités de partout. Ils se sont engagés à financer un nouveau département du Louvre intitulé Art de Byzance et Chrétientés d'Orient, se sont associés à Xavier Niel dans Kyutai, un laboratoire d'intelligence artificielle, pour 100 millions d'euros, ont développé leur propre pépinière d'entreprises à Marseille, Zebox, investissent dans la décarbonation, sponsorisent les Jeux olympiques et l'OM.

Mais leur nouveau challenge, c'est la presse. Rodolphe Saadé n'a véritablement attiré le regard des médias qu'avec le rachat du quotidien régional *La Provence*, pour 81 millions d'euros après un long bras de fer avec Xavier Niel en 2022. « *Je ne voulais pas que* La Provence *aille entre les mains de* Nice Matin [propriété du patron de Free] », explique le tycoon. Est-ce la seule raison pour laquelle il s'est lancé dans les médias, un secteur fragile avec lequel il est difficile de gagner de l'argent ? Sans doute pas. Rodolphe Saadé se souvient de l'époque où son père, à l'agonie, avait été lâché par tous. Il sait que, en cas de difficultés, l'État et les banques sont plus attentifs à un groupe qui possède des relais d'influence.

Après *La Provence*, il semble en tout cas avoir pris goût à cette nouvelle diversification puisqu'il a investi dans le média digital Brut, à la demande du pouvoir, murmure-t-on : le président Macron ne souhaitait pas que la plateforme de vidéos tombe aux mains du milliardaire tchèque Daniel Kretinsky.

Rodolphe Saadé, très attaché aux valeurs républicaines et inquiet de la montée des extrêmes, a également lancé *La Tribune dimanche*, directement conçue pour concurrencer *Le Journal du dimanche* tombé sous la houlette de Vincent Bolloré. Même raisonnement pour le rachat du groupe Altice dont BFM TV est le fer de lance pour tailler des croupières à la très à droite chaîne d'info en continue C News. *« Il achète tout ce que Macron lui demande »*, ironise un puissant homme d'affaires parisien. Rodolphe Saadé hausse les épaules. *« Je ne voulais pas que BFM parte entre de mauvaises mains »*, se contente-t-il de dire sans davantage de précisions.

S'il a investi dans les médias, c'est aussi pour *« développer un métier complémentaire et offrir le plus de possibilités »* à ses enfants, confie-t-il. Les Saadé savent que le transport maritime et la logistique ne sont pas forcément des secteurs qui font rêver les jeunes. Ils savent aussi que leur progéniture n'a pas grandi avec les mêmes codes culturels qu'eux : l'obsession de transmettre à l'aîné des fils n'est plus de mise. *« Dans cette génération, il n'y aura pas de différences entre les garçons et les filles. Les nôtres n'accepteraient pas que leurs frères soient privilégiés parce que ce sont des garçons »*, indique Véronique Saadé.

« Mon souhait le plus cher est qu'un maximum d'entre eux jouent un grand rôle dans l'entreprise, mais je ne veux pas leur mettre la pression au risque de les dégoûter, note Rodolphe. *Je ne veux pas brûler les étapes avec eux, pas les brusquer. Il faut les laisser grandir, leur foutre la paix… et que l'envie vienne d'eux-mêmes. »* Il a compris qu'il doit être subtil s'il veut qu'après lui le groupe soit repris par l'un des siens.

6.

Les Wertheimer

Une lignée de secrets

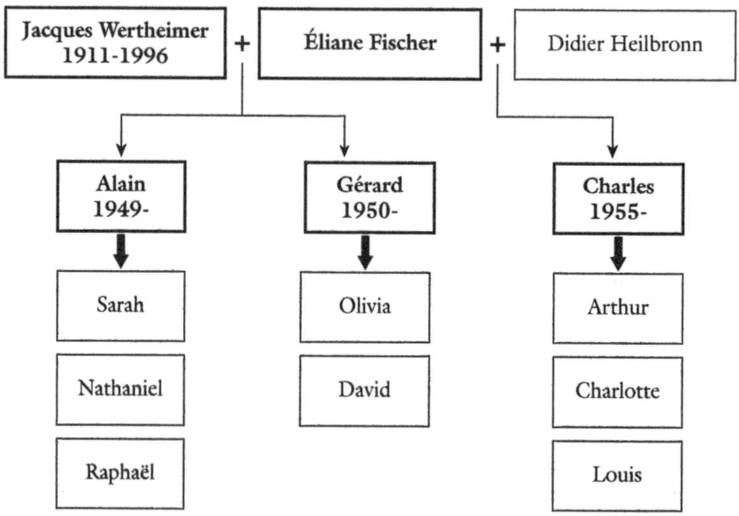
Jacques Wertheimer
1911-1996
+
Éliane Fischer
+
Didier Heilbronn
Alain
1949-
Gérard
1950-
Charles
1955-
Sarah
Nathaniel
Raphaël
Olivia
David
Arthur
Charlotte
Louis

Si vous ne les connaissez pas, vous serez bien incapables de les identifier. Lors des défilés haute couture de Chanel, la prestigieuse maison qui leur appartient à 100 %, Alain et Gérard Wertheimer, 75 et 73 ans, ne s'assoient jamais au premier rang, préférant se tenir quelques mètres plus haut, là où la lumière est moins crue, loin, très loin des objectifs et des caméras. Les habitués de la mode ne les apercevront pas non plus dans les coulisses quand tous se pressent autour du créateur et de ses assistants pour les féliciter. Ils sont déjà partis, chapeaux de feutre vissés sur la tête, fuyant discrètement, mais sûrement, le bruit et la foule. *« Venir pour ne pas être vus, c'est le contraire de ce que font la plupart des gens ! »* s'amuse une de leurs amies.

Les troisièmes fortunes françaises derrière Bernard Arnault et Françoise Bettencourt-Meyers, quarantièmes mondiales selon le classement établi par Forbes, ne supportent pas qu'on les prenne en photo. *« Même les amis triés sur le volet qui saisissent leur image avec leur portable, lors d'un dîner, doivent promettre de ne jamais les montrer* », assure l'un des rares familiers de leurs soirées à Paris ou dans les maisons que les deux frères possèdent à Deauville, à proximité de l'hippodrome, qu'ils fréquentent davantage que les défilés. Voir leur nom cité dans la presse les agace. Du duo, il n'existait que quelques photos anciennes, saisies sur les champs de course avec la reine Elizabeth II, l'une des plus illustres figures à partager leur passion pour les compétitions équestres.

Les Wertheimer cultivent si bien la discrétion que le 20 janvier 2022, lors de l'inauguration de 19M, le somptueux espace que Chanel consacre à Aubervilliers aux artisans les plus qualifiés des métiers d'art et de la mode – brodeurs, dentellières, soyeux –, ce ne sont pas eux qui accueillirent le président Emmanuel Macron et son épouse Brigitte – auxquels ils avaient présenté auparavant leurs civilités hors caméras –, afin de ne pas risquer d'apparaître dans le moindre journal télévisé. Jamais, d'ailleurs, on ne les voit dans les dîners officiels à l'Élysée, où l'empereur du luxe Bernard Arnault trône, lui, comme un chef d'État.

Une avocate d'affaires travaillant régulièrement pour la prestigieuse maison raconte avoir un jour croisé Alain Wertheimer devant l'ascenseur, *« dans son manteau sombre, un chapeau à la main, très bien élevé, mais quasi invisible »*. La voyant s'apprêter à monter à ses côtés, il lui céda sa place, préférant descendre à pied. Elle ne comprendra qu'après qu'il s'agissait du président exécutif de la société. Une ancienne figure de chez Chanel se souvient aussi qu'Alain Wertheimer fut refoulé à l'entrée lors d'un défilé haute couture, au cœur de Central Park à New York où il réside. Il avait oublié son invitation. Personne ne voulut croire que ce monsieur dont le visage et le nom ne disaient rien à personne était le propriétaire de l'élégante maison.

Les frères ne donnent que très rarement leur numéro de téléphone et font jurer à leurs amis de ne le communiquer à personne. À Genève, où Gérard Wertheimer s'est installé, ce dernier n'est pas davantage connu. Le Français représente pourtant la plus grosse fortune établie en Suisse, devant les familles Hoffmann-Oeri-Duschmalé qui contrôlent le géant pharmaceutique bâlois Roche. Mais on le voit peu dans les cercles mondains et encore moins dans les journaux. Alors qu'au sein du gotha genevois tout le monde se connaît, personne n'identifia ce petit homme qui scrutait avec attention les photographies de Bettina Rheims, une de ses plus proches amies et épouse de l'avocat Jean-Michel Darrois, qui exposait dans une galerie chic de la ville.

Il ne faut pas s'y tromper, cependant. Si Chanel, avec ses 32 000 employés dans le monde, est l'une des plus belles locomotives du luxe international – après une année 2022 déjà record, ses ventes se sont envolées de 15,8 % en 2023, atteignant 19,7 milliards de chiffre d'affaires –, c'est aux Wertheimer qu'elle le doit depuis un siècle.

La mère d'Alain et de Gérard Wertheimer, Éliane Heilbronn, qui fêtera le 14 avril 2025 ses 100 ans, a longtemps paru plus en vue que ses fils. Avocate, elle tenait les affaires juridiques les plus sensibles de la société, notamment les licences. « *Très extravertie, une grande force de caractère, franchement, on ne voyait qu'elle* », se souvient Véronique Morali, qui fit un bref passage, en 2007, à la tête de Chanel SA. Jusqu'à l'épidémie de Covid, Éliane Heilbronn se rendait encore chaque matin à 11 h 30 à son bureau, au premier étage du cabinet Salans/Dentons, rue Boissy-d'Anglas à Paris, après s'être fait masser, coiffer et maquiller, son déjeuner dans un Tupperware. Aussi élégante dans ses tenues Chanel qu'autoritaire dans ses décisions. Pendant des années, c'est elle qui rédigea les contrats des plus hauts cadres de la société, notamment celui de Karl Lagerfeld, engagé en 1983 pour la bonne fortune des Wertheimer, avec lequel elle adorait parler littérature et échanger avec acidité potins et médisances sur le Tout-Paris.

Un sacré personnage, cette Éliane Heilbronn, qu'on peut voir parfois déambuler dans les allées du musée du Louvre en fauteuil roulant. Aujourd'hui encore, elle reçoit des visiteurs, quelques amis et ses enfants, et aime se tenir au courant de ce qui se raconte en ville. Une femme chic, mais sans ostentation, à la peau de porcelaine et aux yeux noisette d'une rare vivacité. Intelligente, moderne, féministe, celle qui passa sa jeunesse à Mexico et fréquenta les milieux les plus huppés à New York ou à Paris devint avocate en 1974 et fonda son cabinet quatre ans plus tard. Une véritable gageure à une époque où les femmes n'étaient pas vraiment les bienvenues dans le monde des affaires. Un caractère surtout, dont ceux avec lesquels elle a travaillé se souviennent encore : « *Elle peut être terrible, elle déteste avoir tort, aime prêcher le faux pour savoir le vrai, adore dominer et est dotée d'un grand sens de la psychologie et de la manipulation* », résume l'un d'entre eux. Une véritable « *snob* », aussi, glisse une autre.

Snob, incontestablement, mais dotée d'un sens stratégique et d'une vision dynastique certaine. « *Même si elle assumait bien plus qu'eux les attributs du pouvoir,* affirme l'une de ses proches, *elle a élevé ses fils afin qu'ils dirigent, dans une parfaite courtoisie.* » Et sans prendre la lumière, surtout. « *Elle leur a dit pendant toute leur enfance de ne pas faire de bruit,* cingle un proche de la famille, *elle a fait d'Alain et Gérard deux grands introvertis.* » Cette mère si puissante et qui prend tant de place a pourtant joué un rôle central dans la prise de pouvoir de ses garçons à la tête de Chanel.

Divorcée depuis 1952 de leur père, Jacques, remariée avec un juriste, Didier Heilbronn, amateur de parties de chasse, de gibier et de campagne, avec lequel elle a eu un fils, Charles, elle n'a cessé de faire en sorte que ses deux premiers fils et leur demi-frère s'entendent et même travaillent de concert. C'est aussi elle qui conseilla à Alain et Gérard de faire mettre sous tutelle leur père et de reprendre l'entreprise, à sa place, en 1974. Jacques Wertheimer, grand collectionneur d'art, atteint d'un syndrome maniaco-dépressif, invitait toute l'aristocratie à la chasse, distribuait des tableaux de maître à qui le lui demandait, achetait des appartements à ses maîtresses et avait fini par menacer, par ses dépenses insensées et son comportement erratique, les finances et la survie même de la maison. Alain, son aîné, avait tout juste 25 ans lorsque la charge lui incomba. Il aurait souhaité un autre destin. Passionné d'histoire, les lettres l'ont toujours attiré davantage que les chiffres, mais a-t-on le choix quand il s'agit de reprendre le flambeau d'une aussi prestigieuse maison ?

Un demi-siècle plus tard, Alain Wertheimer prend encore toutes les décisions d'importance, avec sa directrice générale Leena Nair. Gérard, son cadet, n'a pas, pour sa part, de rôle opérationnel chez Chanel. Il laisse les experts du groupe gérer les vignobles que la famille possède dans le Bordelais ou la Napa Valley, en Californie. Ensemble, les frères veillent cependant sur les quelque 400 poulinières, yearlings et chevaux de course de leurs écuries, dirigées par Pierre-Yves Bureau. Mieux connus des pronostiqueurs de *Paris Turf* que des chroniqueurs de mode, les Wertheimer font en effet courir de formidables champions, sous leurs couleurs, une casaque bleue avec coutures, manches et toque blanches, dans les plus grands hippodromes du monde. *« Leur haras de la Barberie, à Saint-Étienne-la-Thillaye, dans le Calvados, est un des plus beaux qui existent »*, assure un chroniqueur hippique, qui note que la famille a encore étoffé ses élevages en rachetant, en 2023, les écuries des Wildenstein, les célèbres marchands d'art. Les Wertheimer se déplacent également plusieurs fois par an sur les lieux des ventes de yearlings, à Deauville, à Newmarket près de Cambridge en Angleterre et à Lexington (Kentucky) aux États-Unis.

Délégué par les Wertheimer pour nous parler, Philippe Blondiaux, le directeur financier de Chanel, décrit ainsi les deux frères : *« Alain est cérébral. Il supervise toutes les campagnes publicitaires, le design des boutiques, il prend les grandes décisions stratégiques, entre autres. Gérard est chaleureux. À mes débuts, il m'appelait toutes les trois semaines pour savoir comment j'allais. D'une façon générale, nous travaillons dans la confiance, sans nous sentir sans cesse évalués.* »

Cela n'empêche pas les décisions parfois abruptes. Le départ de la directrice artistique, Virginie Viard, a ainsi été annoncé le 6 juin 2024 de façon tout à fait inattendue, et celle qui avait été le bras droit de Karl Lagerfeld pendant plus de trente ans et lui succéda après sa mort a disparu du jour au lendemain, deux semaines à peine avant la présentation de la collection qu'elle avait dessinée.

Enfin, il faut aussi compter avec Charles Heilbronn, ce demi-frère âgé de 69 ans avec lequel Alain et Gérard Wertheimer ont grandi. Lorsqu'on lit, dans l'intitulé de certains investissements, « Wertheimer et frère », le frère, c'est lui. Plus ouvert, doté d'un certain humour, c'est aussi un financier hors pair. À New York, le bureau de Charles est à côté de celui d'Alain au 40e étage de la tour Chanel, à Manhattan, dont la somptuosité des œuvres d'art qui s'y trouvent éblouit les visiteurs. Et si, en 2017, la majorité des fonctions globales de l'entreprise (ressources humaines, juridiques, responsabilité sociétale et finances) ont été transférées à Londres, avec une cinquantaine d'employés et de cadres, leur proximité est restée la même. Charles Heilbronn dirige ainsi Mousse Partners, le *family office* alimenté par la holding Mousse Investments Limited dont Alain et Gérard sont les deux actionnaires à parité et qui est aujourd'hui domiciliée sur l'île de Grand Cayman où il n'y a ni impôt sur les sociétés, ni taxe foncière, ni droits d'apports, ni charges sociales, ni retenue à la source sur les dividendes. C'est aussi pour cela, en dehors de leurs caractères qui les confinent à une réserve totale, que les Wertheimer n'aiment pas que la presse s'intéresse à eux. Entre la domiciliation de leur entreprise en Angleterre et celle de leur holding familiale dans un paradis fiscal, ils jouent de tous les mécanismes d'optimisation fiscale.

Ce n'est pas le seul secret de cette famille qui a traversé toutes les secousses, les drames et les flamboyances du XXe siècle.

Même les collaborateurs les plus proches des Wertheimer ne connaissent que quelques maigres facettes de leur vie. Savent-ils que la maison de Tourgéville, où Alain Wertheimer les convie parfois, à deux pas de Deauville, était auparavant un manoir du XVe siècle situé à Livarot ? Esthète et richissime – en 2021, les frères se sont versé 5 milliards de dollars de dividendes –, l'aîné des Wertheimer a obtenu l'autorisation de le démonter pièce par pièce, pierre par pierre, afin de le remonter à l'identique à 45 kilomètres de là…

Même les plus grands directeurs de musée n'ont jamais vu entièrement la fabuleuse collection d'art commencée par leur père, Jacques, et complétée patiemment par leurs soins et leurs portefeuilles. *« C'est probablement l'une des plus belles collections privées, elle est encyclopédique et universelle avec des pièces de toutes les époques, toutes les civilisations, des objets préhistoriques, des antiquités égyptiennes, ou des Picasso, des*

Klein, des Giacometti et des Rothko », décrit un fameux commissaire-priseur en faisant jurer l'anonymat de peur de se fâcher avec les Wertheimer. « *La famille prête parfois des pièces pour de grandes expositions, mais apparaît rarement,* complète Laurent Le Bon, le patron du Centre Pompidou. *Le Louvre, Orsay, tous les grands musées américains, français et britanniques ont les Wertheimer pour mécènes, mais le moins que l'on puisse dire, c'est qu'ils n'en font pas étalage...* »

Parfois, Alain et Gérard Wertheimer ainsi que Charles Heilbronn reçoivent à Paris ou dans l'une de leurs vastes propriétés, aux États-Unis, en Normandie, dans leurs chasses en Sologne ou sur l'île de Porquerolles où ils ont racheté en 2010 une bonne moitié du vignoble, quelques riches familles qu'ils fréquentent depuis longtemps, les Agnelli ou les Rothschild mais aussi les Arnault ou les Bich. Ou certains de leurs vieux amis, comme Anne Sinclair rencontrée à la fac de droit à Nanterre, Arielle Dombasle dont la mère était l'amie d'Éliane au Mexique, l'avocat Jean-Michel Darrois et son épouse Bettina Rheims, ou le grand chocolatier Étienne Dolfi. Jamais personne n'a raconté quoi que ce soit de ces moments partagés.

On aurait tort cependant de prendre la discrétion des Wertheimer pour une distance à l'égard des affaires de l'entreprise. S'ils ne se montrent pas, ils ont un sens indéniable de la stratégie et des hommes. L'ancien patron d'Hermès, Jean-Louis Dumas, qui les connaissait très bien, disait autrefois d'Alain et Gérard : « *Moi, je gère ma maison en conduisant devant, les Wertheimer conduisent la leur assis à l'arrière, comme sur un sulky.* »

Karl Lagerfeld, qui contribua à moderniser la société et fut pendant trente-cinq ans leur paravent et leur vitrine, attirant la lumière à leur place, formulait les choses un peu autrement : « *Vous savez, Alain Wertheimer n'est pas le genre à vous dire quelles sont les tendances,* confiait-il avec son accent de Hambourg, *mais je connais ça, ces esprits prussiens qui font des affaires en s'entourant des meilleurs.* » Prussienne, la famille l'est en effet, elle dont on retrouve les premières traces au XVIIIe siècle dans la communauté juive du sud de Francfort en Allemagne, puis en Alsace après le rattachement de celle-ci à la France.

L'histoire commence quand le patron des Galeries Lafayette, Théophile Bader, présente en 1924 Paul et Pierre Wertheimer (deux frères, déjà) à Gabrielle Chanel. Ces derniers comprennent immédiatement le talent indéniable de « Coco ». À 41 ans, l'ancienne enfant de l'Assistance publique, devenue chanteuse de cabaret, cousette et enfin couturière, avait un style, à la fois chic et moderne, garçonne et féminine, avec ses marinières, ses petits canotiers et une silhouette qui a traversé les époques. Mais si la famille Wertheimer ne l'avait pas constamment financée malgré l'adversité, sans doute ne serait-elle pas devenue la seule femme internationalement connue dans un univers dominé par les hommes, ni son patronyme une marque mondiale et florissante.

« *De la France du XXe siècle, il ne restera que trois noms : de Gaulle, Picasso et Chanel* », avait prédit André Malraux. Et c'est vrai que, plus d'un demi-siècle après la mort de la célèbre couturière en 1971, ses initiales entrelacées sont devenues un sigle familier du grand public, bien au-delà de nos frontières. Le N° 5 est l'un des parfums les plus célèbres et les plus vendus au monde. Le tailleur en tweed de laine gansé, imaginé par Gabrielle Chanel en 1956, est devenu l'une des pièces iconiques de la mode. Mille fois réinterprété selon les époques, il a été porté aussi bien par Jackie Kennedy que par Simone Veil, Inès de la Fressange ou Taylor Swift. Ce sont bien les Wertheimer qui, sur trois générations, s'attachèrent à ne garder que le meilleur de Gabrielle Chanel en occultant sa face sombre.

Il a fallu, en effet, plusieurs décennies pour que le voile se lève sur leurs relations avec « Coco ». Dans les années 20, l'accord entre Pierre et Paul Wertheimer, déjà propriétaires des cosmétiques Bourjois, et Gabrielle Chanel répartissait ainsi les parts : 10 % pour la couturière, 70 % pour les Wertheimer, 20 % pour leurs associés Adolphe Dreyfus et Max Grumbach. À charge pour les Wertheimer de financer aussi le fastueux train de vie de « Mademoiselle » qui, si elle travaillait et recevait rue Cambon, dormait tous les soirs au Ritz, le célèbre palace parisien, où elle se faisait servir les mets les plus coûteux. Chanel présidait le conseil d'administration, mais les Wertheimer géraient.

L'entente ne dure guère. En 1929, la crise fait chuter le chiffre d'affaires de l'entreprise et introduit la méfiance entre Coco Chanel et la famille. Cinq ans plus tard, la créatrice engage un procès contre eux, défendue par maître René de Chambrun, le gendre de Pierre Laval. Déjà, les Wertheimer se montrent d'une discrétion exemplaire, laissant cette couturière, si hostile à leur égard, sur le devant de la scène. Pierre Wertheimer vient à peine de redresser un peu la barre que la guerre éclate, en 1939, l'obligeant à fermer les ateliers Chanel et à licencier 3 000 ouvrières. Quelques mois plus tard, les lois de Vichy menacent les juifs et la famille s'exile aux États-Unis, où naîtront Alain et Gérard.

C'est là qu'intervient l'épisode le moins avouable de cette histoire. La formule du N° 5 et surtout les essences de jasmin et de rose de mai qui servent de base au parfum sont restées en France, mais depuis New York les Wertheimer ont chargé un jeune agent américain, H. Gregory Thomas, de rapatrier les matières premières, et se sont mis à produire le N° 5 aux États-Unis. Ils ont aussi demandé à un ami, Félix Amiot, de se porter acquéreur de leur participation dans Bourjois et Chanel afin d'éviter l'« aryanisation », c'est-à-dire la confiscation, de leurs biens. Gabrielle Chanel, elle, côtoie au Ritz toute la Kommandantur et entretient une liaison avec un officier proche de Hitler. Collaboratrice notoire, elle se pense toute-puissante. Le 5 mai 1941, elle dénonce ainsi la « fausse aryanisation » de la société qui porte son nom et réclame aux autorités allemandes que lui soient attribués les Parfums Chanel, assurant qu'*« ils sont toujours la propriété de juifs »* et qu'ils ont été légalement *« abandonnés »* par les Wertheimer. Miraculeusement, elle n'obtient pas satisfaction.

« Sans Churchill, elle aurait été tondue », écrivait sa biographe Edmonde Charles-Roux. Sans la concilia-

tion avec les Wertheimer, pourrait-on ajouter. Après la guerre, leurs biens leur ont été restitués et ils sont redevenus les propriétaires de la société. Le « Number Five » est aussi devenu LE parfum français des États-Unis. Peuvent-ils vraiment continuer sans Gabrielle Chanel qui, depuis la Suisse où elle s'est réfugiée, multiplie les procès contre eux ?

En 1948, Paul Wertheimer meurt et son frère Pierre reprend les rênes de la société. C'est lui qui conclura finalement un arrangement avec celle qui a tenté de spolier la famille. Elle touchera désormais des royalties : 2 % des ventes mondiales des parfums et la poursuite du paiement de son luxueux train de vie. Six ans plus tard, il lui rachète ses parts dans la maison de couture et la pousse à reprendre son activité de modiste. Il ne le regrettera pas : si les deux premières collections de « Mademoiselle » sont des échecs, le lancement de ses tailleurs gansés et du total look Chanel est un énorme succès. Pierre Wertheimer, qui possède désormais 100 % de la société, voit sa fortune exploser.

Longtemps, les Wertheimer chercheront à gommer cet épisode le moins reluisant du parcours de la couturière avec laquelle ils ont partie liée. Coco Chanel était elle-même experte dans la réinvention de sa vie. À ses amis, les écrivains Paul Morand, Joseph Kessel ou Louise de Vilmorin, elle écrivait ainsi : *« J'aimerais bien que l'on écrive un long article sur moi. Je donnerais les grandes lignes et vous pourriez broder…* » Pierre Wertheimer puis son fils Jacques, qui prendra la succession en 1965, la laisseront faire. Ils n'ont pas intérêt à abîmer l'image de l'icône de la mode et, partant, de leur entreprise, en l'associant à une déshonorante collaboration.

C'est l'une des caractéristiques de Chanel que d'avoir toujours protégé son image. En 1969, « Coco », interviewée par Jacques Chazot dans *Dim Dam Dom*, la plus grande émission télévisée de l'époque destinée au public féminin, a affiché haut et fort son mépris pour les mini-jupes et les femmes en pantalon ? Qu'à cela ne tienne, la maison Chanel fera racheter les extraits de l'émission. Pas question que la marque paraisse antimoderne et antiféministe.

De la même façon, la succession ratée entre Pierre et son fils unique Jacques a longtemps été passée sous silence. En 1965, « le petit », comme l'appelle alors Gabrielle Chanel avec condescendance, a pris la direction de la société. Pierre Wertheimer était un gestionnaire rigoureux et considérait son fils comme un incapable. Jacques est un esthète plein d'humour, cultivé, nonchalant et paresseux. Il est aussi assez largement dépendant de drogues et médicaments divers, mélange les anciens et les nouveaux francs et dépense sans compter.

C'est pourtant lui qui fera entrer chez Chanel Jacques Helleu, petit-fils du peintre Paul Helleu, qui va totalement moderniser l'esthétique des flacons de parfum ou des publicités du groupe, désormais photographiées par Helmut Newton ou Richard Avedon. Lorsque Jacques sera placé sous tutelle par ses fils, il terminera sa vie chez lui, au 55 de l'avenue Foch à Paris, au milieu d'antiquités égyptiennes, de maîtres de l'impressionnisme et de tableaux de Nicolas de Staël dont il a le premier repéré le talent.

Qu'ont apporté après lui Alain et Gérard Wertheimer ? Un sens certain de la stratégie et du recrutement des hommes. Alain, surtout, qui comprend tout de suite qu'il faut changer l'orientation de la maison. Il vit à New York, passe ses week-ends à Millbrook dans sa maison de campagne de la vallée de l'Hudson, skie dans le Colorado, mais il sait que Chanel doit continuer à vendre dans le monde l'image de la France et de Paris.

En 1982, l'aîné des Wertheimer a déjà restructuré l'entreprise, réintégré la fabrication et la distribution du prêt-à-porter, redonné du prestige aux parfums – le N° 5 reste le must de la maison – en arrêtant leur vente en drugstore. Reste à rénover la couture et à donner à l'entreprise de luxe une image globale.

Après la mort de Gabrielle Chanel en 1971 au Ritz, une ombre de dévotion s'est abattue sur le siège de la rue Cambon. « *C'était comme un sanctuaire,* note Marie-Louise de Clermont-Tonnerre, alors directrice des relations publiques. *Après mes années chez Cardin, j'avais eu l'impression de pénétrer dans une banque protestante.* » Il faut faire souffler un vent d'air frais si l'on veut s'en sortir.

La bonne idée d'Alain Wertheimer est d'engager, en 1982, Karl Lagerfeld, que lui a présenté sa directrice pour les États-Unis, Kitty d'Alessio. « *J'ai rencontré Alain Wertheimer dans sa maison à Londres et nous avons longuement discuté* », a raconté des années plus tard Karl Lagerfeld au *Monde.* Le mercenaire de la mode est fin et cultivé. Il connaît aussi parfaitement l'histoire de Gabrielle Chanel et son univers. Mais choisir un Allemand pour incarner une marque si française, c'est osé ! *« Il en sait plus sur Chanel que moi-même »*, confie cependant le propriétaire de la maison à ses proches. *« À la fin de la discussion,* affirmait encore le couturier, *il m'a dit : "Faites ce que vous voulez, mais si cela ne marche pas, je vends !" Et j'ai répondu : "Écrivez dans le contrat le Faites ce que vous voulez !" »*

Le 15 septembre 1982, le communiqué publié par Chanel est prudent et flou : *« La vie et l'imagination de la collection haute couture Chanel bénéficieront de l'orientation artistique de Karl Lagerfeld à partir de janvier 1983. »* Les conditions financières du contrat, en revanche, semblent exceptionnelles : un million de dollars pour deux collections de couture par an et le prêt-à-porter Chanel, croit savoir le *Women's Wear Daily* (*WWD*), la bible américaine de la profession. Et aussi 100 000 dollars en vêtements pour habiller les *« éditrices de la presse mode et des amies »*, et assurer ainsi une nouvelle forme de communication et de publicité.

« Karl va nous apprendre la mode », a confié Alain Wertheimer à Jacques Polge, le parfumeur de Chanel. Le propriétaire de la maison a eu du flair : dès l'année 1984, les ventes s'envolent. Les Wertheimer se montrent d'une confiance remarquable. *« Nous n'avions aucune pression des actionnaires, nous pouvions dépenser sans compter »*, se souvient Gilles Dufour, alors collaborateur de Lagerfeld. Un même accessoire peut être produit en dix couleurs différentes, avant que

« Karl » choisisse celui qui s'assortira le mieux à son projet de robe.

« Je veux avoir la responsabilité de la création du défilé, de la publicité et des vitrines, tout ce qui donne envie à une femme de pousser la porte. Le reste, ce n'est pas moi », avait-il dit aux frères Wertheimer. Pour « donner envie aux femmes », il habille ces filles en vue qu'on n'appelle pas encore « influenceuses ».

En 1985, au moment de renouveler son contrat, Lagerfeld réclame aux propriétaires de Chanel un million de dollars… par collection ? Accepté. *« Entre les Wertheimer et moi, c'est comme entre Faust et le diable »*, disait-il encore au *Monde*, assurant qu'il a avec eux un contrat « à vie ». De fait, le pacte a valu jusqu'à la mort de Kaiser Karl, le 19 février 2019.

Depuis, le succès de Chanel a largement survécu au décès de son directeur artistique le plus célèbre. En novembre 2021, pour fêter le 100e anniversaire de Chanel N° 5, les Wertheimer ont privatisé le Rockfeller Center et sa patinoire de Noël, sur laquelle apparaissait le chiffre 5. Mais ils savent qu'ils ne sont pas éternels, même s'ils se sont dotés d'un système de gouvernance très solide.

Sous l'impulsion de Charles Heilbronn, Mousse Partners s'occupe notamment de la formation des cinq héritiers Wertheimer à leur rôle d'actionnaires en réunissant régulièrement les trois enfants d'Alain, Sarah, Nathaniel et Raphaël, ainsi que la fille et le fils de Gérard, Olivia et David. Mais aussi leurs cousins Heilbronn, Arthur, Charlotte et Louis. *« Nous avons la chance d'être une famille très unie, qui a construit sa vie hors de France dès le milieu des années 70*, nous a écrit Charles Heilbronn. *Depuis lors, aucun membre de la famille ne réside en France, sauf notre mère. Malgré notre dispersion géographique, nos enfants et nos petits-enfants se voient autant que possible. Pouvoir garder ce lien familial aussi fort, sur plusieurs générations, est une chance et une véritable joie.* »

Le cadet d'Alain Wertheimer, Nathaniel, 38 ans, diplômé de Harvard, semble effectuer une forme d'apprentissage au sein de Chanel, où il tourne dans les départements les plus stratégiques. Arthur Heilbronn, 37 ans, l'aîné des trois enfants de Charles, lui aussi diplômé de Harvard, est pour sa part entré chez Mousse Partners et accompagne désormais souvent son père, comme une sorte de future intronisation. Aucun d'entre eux, cependant, n'apparaît jamais ni dans les manifestations publiques de Chanel ni dans les médias. Et c'est en toute discrétion qu'une fois l'an la famille se retrouve pour déguster leurs millésimes de Château Rauzan-Segla, un cru classé de Margaux qui leur appartient. De ces réunions, nulle trace médiatique. Aucun des membres de la troisième génération ne cède aux sirènes des réseaux sociaux. Suivant la discrétion enseignée par leurs parents Wertheimer et Heilbronn. De génération en génération.

7.

Les Barrière

Les Atrides au casino

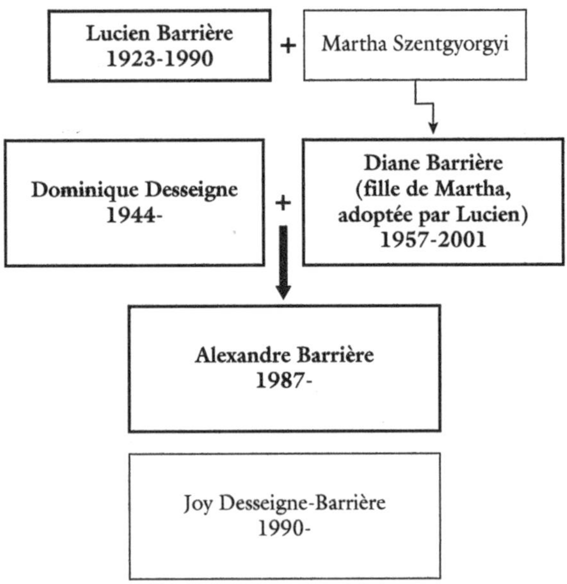
Lucien Barrière
1923-1990
+
Martha Szentgyorgyi
Dominique Desseigne
1944-
+
Diane Barrière
(fille de Martha,
adoptée par Lucien)
1957-2001
Alexandre Barrière
1987-
Joy Desseigne-Barrière
1990-

Cette maison située villa Montmorency, une enclave pour célébrités et fortunés située dans le 16e arrondissement de Paris, Dominique Desseigne l'avait spécialement choisie et fait aménager avec lit médicalisé et accessibilité pour les besoins de son épouse, Diane, atrocement blessée dans un accident d'avion en 1995. C'est là qu'elle a passé les dernières années de sa vie en fauteuil roulant, sans compter ses dizaines de séjours à l'hôpital ; là, aussi, que ses deux enfants, Alexandre et Joy, ont grandi. C'est encore sous ce même toit que l'aîné, âgé de 36 ans, a, en 2023, décidé d'éjecter brutalement son père de son poste de PDG du groupe Barrière, qu'il occupait depuis plus de vingt ans. Un groupe ? Un empire, plutôt : 32 casinos, 19 hôtels de luxe, quelque 150 restaurants et près de 7 000 employés de par le monde.

Que s'est-il noué de si douloureux dans cette spacieuse demeure pour que la relation entre le père et son fils vire soudainement au cauchemar ? Le petit monde des affaires a été saisi d'effroi en apprenant, en avril 2023, la brutale mise à l'écart de Dominique Desseigne, 78 ans, de toutes ses fonctions exécutives. Quand son fils Alexandre a fait savoir qu'il avait officiellement rayé le patronyme de son père de son état civil pour se faire rebaptiser Barrière, du nom de sa mère défunte, les mêmes observateurs ont compris qu'il n'était pas question d'une banale histoire de succession. Changer de nom, comment mieux signifier, en effet, la détestation et le rejet d'un géniteur ?

Personne, dans l'entourage de la famille, n'avait mesuré qu'une telle haine s'était tapie dans les salons douillets de la villa Montmorency. Certes, on ne voyait pas beaucoup le père et son fils ensemble. Quand il ne travaillait pas, le premier, crinière au vent, aimait arpenter les festivals de cinéma, bronzer dans les contrées chaudes et jouer au tennis. Son fils, cheveux coupés à ras, sourcils toujours froncés, fuit les mondanités, voue une passion au Grand Nord et semble ne se plaire que dans les pays froids. Difficile d'imaginer deux tempéraments plus opposés.

Même à Deauville, le fief historique de la fortune de la famille, qui y possède trois palaces, un casino et plusieurs restaurants, Dominique et Alexandre ne faisaient que se croiser. Quand il n'était pas dans le palace du groupe à Marrakech pour les fêtes de Noël, le père passait régulièrement ses week-ends d'hiver au Normandy, sur le front de mer, où il peaufinait son revers au tennis, alors que le fils ne s'y installait que quelques jours, l'été, à l'Hôtel du

Golf, dans les terres, le temps du tournoi de polo et de la remise du trophée Diane-Barrière.

Malgré tout, de l'extérieur, l'entente a pu sembler bonne. Les deux hommes ne travaillaient-ils pas ensemble au sein du groupe depuis 2014 ? Le fils n'avait-il pas pris régulièrement du galon depuis, jusqu'à devenir directeur de la stratégie et du développement ? Et, surtout, Alexandre n'a-t-il pas habité avec son père dans la fameuse maison de la villa Montmorency jusqu'à ses 35 ans ? Plutôt rare à cet âge, quand on a les moyens de vivre où l'on veut. Il ne devait pas s'y sentir trop mal. C'est, en tout cas, ce qu'a voulu croire Dominique Desseigne, que ses amis décrivent comme *« le roi du déni »*. Malgré son âge et une maladie qu'il soigne et ne dissimule plus, il a longtemps donné le change. Depuis le « parricide », c'est un homme affaibli, brisé et en état de sidération, que ses proches ne cessent, depuis, de réconforter.

La succession Barrière, c'est l'histoire d'un père qui n'a pas su lâcher le pouvoir à temps et d'un fils prisonnier d'années de frustrations et de ressentiments qui ne demandaient qu'à exploser. C'est peu dire que Dominique Desseigne a sous-estimé son aîné, un jeune homme guère bavard, réputé timide et renfermé, quand lui-même a toujours affiché un charisme et un entregent prisés dans le secteur des loisirs et du luxe. En avril 2015, dans un entretien au *Parisien*, le leader français des casinos avait néanmoins fait part, tout feu tout flamme, de sa vision dynastique : *« Mon fils, Alexandre, a toutes les cartes en main pour prendre un jour la direction du groupe* », assurait-il. Il ajoutait même : « *Nous sommes très satisfaits de son travail, et il s'est parfaitement bien adapté. Il a l'intelligence de sa mère, la pugnacité de son père, et c'est le bonheur tous les jours de travailler avec mon fils.* »

Usait-il de la langue de bois ou le doute s'est-il installé au fil du temps ? Toujours est-il que très vite, en privé, Dominique Desseigne n'a guère fait mystère de sa déception, jugeant son fils pas assez solide pour diriger une affaire de cette ampleur. Plus gênant, il ne se prive pas de le dénigrer devant les cadres de l'entreprise quand ce dernier ose émettre une idée divergente des siennes. Rien de grave dans son esprit, une éducation à l'ancienne, à la dure, qu'Alexandre a néanmoins vécue comme humiliante. De l'avis de ceux qui l'ont vu grandir, le fils a toujours affiché un air inquiet, dont l'origine remonte sans doute à une enfance marquée par le drame et la solitude.

La légende familiale démarre pourtant dans les paillettes et les bulles de champagne. Quand, en 1980, Dominique Desseigne rencontre en boîte de nuit Diane Barrière, jeune et fière beauté blonde, ce notaire de province est surtout connu pour son goût de la fête, des jolies filles et des belles voitures. Sa grande taille (1,91 mètre), son allure de play-boy et son bronzage insolent lui assurent un franc succès. Lui et ses copains Thierry Roussel et Philippe Junot, sont surnommés alors « la bande des castors » : « *Ils avaient fait le pari de se marier avec les filles les plus riches du monde* », se souvient un de leurs amis. Le premier épousera Christina

Onassis, fille du richissime armateur grec Aristote Onassis, le deuxième Caroline de Monaco. Dominique Desseigne, lui, s'éprend de Diane, la fille adoptive de Lucien Barrière.

Dans les années 1980, le groupe Barrière est déjà très florissant. L'aventure a démarré en 1912 à Deauville avec la construction d'un casino privé par un certain Eugène Cornuché, qui meurt sans héritier en 1926. C'est son associé, issu de la paysannerie ardéchoise, François André, qui se retrouve à la tête de la société et décide de la faire prospérer en investissant à Biarritz, Cannes et La Baule. Visionnaire et rusé, il a l'idée de créer des hôtels à côté des casinos dans le but de rendre sa clientèle « captive ». Il comprend également avant tout le monde que l'avènement de l'automobile offre une occasion formidable pour développer Deauville. La station balnéaire, en outre bientôt reliée par le train depuis Paris, devient alors le repaire de stars invitées de façon quasi permanente pour promouvoir la destination, comme Maurice Chevalier ou, plus tard, Régine, la reine des nuits parisiennes. L'écrivain Joseph Kessel y a ses habitudes, ainsi que de nombreux politiques.

« *Au début des années 1960, François André était beaucoup plus puissant que le maire de Deauville,* raconte Philippe Normand, spécialiste de l'histoire de la cité normande. *Par la suite, le groupe a été un grand financier des campagnes électorales des candidats de droite. Plus tard, Barrière obtiendra de Charles Pasqua, ministre de l'Intérieur, l'autorisation d'installer les premières machines à sous.* » Les liens entre l'empire des casinos et la droite française perdureront longtemps, puisque, en 2007, Nicolas Sarkozy fêtera son élection à la présidence de la République au Fouquet's, établissement phare du groupe Barrière sur les Champs-Élysées. Quelques mois plus tard, en 2008, il tiendra le G8 à Deauville, une aubaine pour les infrastructures hôtelières de la marque.

Quand François André meurt à son tour, en 1962, il n'a pas non plus d'héritier direct, et c'est son neveu Lucien Barrière, né en 1923, qui récupère le petit empire. Celui-ci s'est marié avec une artiste de cirque hongroise, mère célibataire d'une fille nommée Diane que Lucien a aussitôt adoptée et qu'il aimera comme s'il était son géniteur. C'est cette blonde altière au caractère bien trempé, qui n'a aucun lien de sang avec les fondateurs des casinos, que Dominique Desseigne épouse en 1984. Leurs deux enfants, Alexandre et Joy, naissent en 1987 et 1990.

Lorsque, quinze ans après leur rencontre, survient l'accident tragique, le couple traverse une mauvaise passe, Dominique Desseigne lui-même n'en a jamais fait mystère. Diane a rencontré un homme qu'elle s'apprête à retrouver à Las Vegas. Une simple passade, veut se convaincre le mari qui, de son côté, n'a pas perdu ses habitudes de séducteur. Les époux se sont donné rendez-vous pour se parler. Le jour de l'accident, Diane, en villégiature à Saint-Tropez, est censée atterrir à l'aérodrome de La Baule. Le petit bimoteur dans lequel elle prend place n'arrivera jamais à destination, il s'est écrasé en Vendée pour une raison stupide et à peine croyable, révélée par l'enquête officielle : le plein de carburant n'avait pas été fait. Diane, devenue PDG du groupe à la mort de son père adoptif, en 1990, sort miraculeusement vivante de la carcasse en feu, mais des années de cauchemar commencent. Son corps est totalement disloqué, brûlé au troisième degré sur un quart de sa surface. Elle subira plus de 80 opérations et restera tétraplégique jusqu'à son décès, en 2001.

Alors considéré par certains comme un simple coureur de dot, Dominique Desseigne prend les choses en main. Il impressionne l'entourage du couple par son dévouement envers sa femme. Il se transforme en infirmier, sollicite les meilleurs spécialistes, gère les hospitalisations, tente de maintenir un semblant de vie sociale pour son épouse en conviant des amis à son chevet ou en l'emmenant à des réceptions lorsqu'elle se sent capable de sortir en fauteuil roulant, organise des réunions de direction à domicile afin de la tenir informée de la gestion du groupe.

Alexandre et Joy, eux, vivent une enfance étrange, dans une maison transformée en hôpital, entre une mère défigurée, en grande souffrance, dans la crainte permanente de la mort, et un père absorbé par les soins et la conduite des affaires. Car il a bien fallu qu'il s'y mette d'arrache-pied, avec l'aide des cadres de l'entreprise, lui qui ne connaissait rien au secteur. Matériellement, les enfants ne manquent de rien. Scolarisés dans les meilleures écoles privées, ils grandissent villa Montmorency, partent en vacances dans les hôtels de luxe de la famille, ont de l'argent de poche, accès à tous les loisirs, mais est-ce suffisant ?

Plusieurs fois, les médecins annoncent à la famille que Diane la miraculée va rendre l'âme d'un instant à l'autre ; elle s'en sort toujours de justesse. Elle sait néanmoins qu'il faut préparer la suite. À quelques reprises, elle fait venir les hommes de loi de son père, avocat et notaire, pour tenter de préserver au mieux la pérennité du groupe, qui a déjà contracté un prêt pour régler l'impôt sur la succession de l'héritage de Lucien. Un an avant sa mort, le 11 mai 2000, elle signe une série de donations de la nue-propriété des différentes sociétés à ses enfants, une disposition légale couramment utilisée pour alléger la charge successorale. Un changement de régime matrimonial (de la séparation à la communauté de biens) est également acté le même jour dans le but de laisser l'usufruit du groupe au dernier vivant des époux, là encore, une pratique notariale courante à l'époque pour permettre une exonération de droits fiscaux entre conjoints.

Depuis le décès de leur mère, les enfants possèdent donc la nue-propriété des entreprises et le père en a l'usufruit. C'est ce dispositif qui a été, bien plus tard, contesté par Alexandre. Le fils est convaincu que Diane, tétraplégique, n'était pas consciente au moment des signatures. Il en veut pour preuve que deux avocats ont signé à sa place sur l'ensemble des documents que nous avons pu consulter. Elle venait en outre de faire une septicémie dont elle était ressortie considérablement affaiblie de réanimation le 26 avril. Selon le dossier médical de l'Hôpital américain, elle avait été mise sous somnifères et morphine. Dominique aurait, selon Alexandre, profité de la situation pour se tailler la part du lion en s'attribuant les bénéfices d'une entreprise qui ne lui appartenait pas. Une accusation extrêmement grave que son père outré balaye d'un revers de main. Alexandre reproche notamment à son père d'avoir, pendant toutes ces années, indûment touché les dividendes engrangés. C'est qu'entre-temps le petit notaire Desseigne natif de la Meuse s'est mué en redoutable homme d'affaires, pragmatique et plein de bon sens. Non seulement il n'a pas coulé le groupe, comme certains observateurs inquiets le prédisaient à la mort de Diane, mais il l'a fait prospérer en le développant à l'international, en donnant de l'ampleur à la marque Fouquet's à laquelle sa femme était particulièrement attachée, et, surtout, en gagnant le bras de fer contre le principal concurrent dans l'univers des casinos, le groupe Partouche. En vingt ans, celui que certains appelaient avec un peu de mépris « le prince consort » a multiplié par six le chiffre d'affaires de l'empire. Un indéniable succès. Ce qu'en retiennent Alexandre et Joy, c'est surtout que leur père s'est offert un train de vie luxueux au détriment du patrimoine de ses enfants.

Pendant toutes ces années de règne sans partage, Dominique Desseigne n'a cessé de répéter qu'il n'avait qu'un seul but : préserver et faire prospérer l'héritage de ses enfants. N'avait-il pas écrit en dédicace du récit qu'il a consacré en 2004 à son histoire d'amour avec Diane et au terrible accident qui l'a frappée, *Tout pour être heureux* (Plon) : *« À Alexandre et Joy, À Joy et Alexandre, mes deux merveilles »*. Il savait néanmoins qu'il n'avait pas su tisser de véritable lien affectif avec eux. *« Nous n'avons jamais été une famille »*, a-t-il un jour confié, lucide, à un ami. Manière de dire que, malgré toutes ces années passées sous le même toit, le père et ses enfants n'ont jamais appris à s'aimer, se connaître, ni à se parler.

Après le décès de Diane, Dominique Desseigne travaille sans cesse. Et quand il ne travaille pas, il voyage au bras de femmes riches et influentes comme Corinne Bouygues ou la femme d'affaires et jet-setteuse libanaise Mouna Ayoub. Quel enfant apprécie de voir son père virevolter de conquête en conquête ? Le coup de grâce intervient avec l'obligation judiciaire faite à Desseigne, en 2016, de reconnaître la paternité de Zohra, la fille de l'ancienne garde des Sceaux Rachida Dati. Cela signifie qu'Alexandre et Joy devront partager l'héritage et les biens personnels de leur père avec une nouvelle « petite sœur »...

Une première alerte dans la relation père-fils intervient peu après l'épidémie de Covid-19, en 2021. Alexandre demande un jour sèchement à son père quand il compte prendre sa retraite. Ce dernier manque de tomber de sa chaise. La retraite ? Il n'y a jamais pensé ! Il se sent en pleine forme malgré sa maladie, il a fait entrer ses deux enfants dans l'entreprise familiale, mais il ne les estime pas encore prêts à lui succéder. Il juge la question de son fils déplacée, voire hostile, surtout au moment où le groupe sort fragilisé de la crise sanitaire.

Par la suite, Alexandre n'y revient pas, mais l'ambiance devient exécrable entre le père et le fils, qui ne font même plus semblant d'être aimables l'un envers l'autre lorsqu'ils se croisent à leur domicile ou au siège du groupe, au 33, rue d'Artois, dans le 8e arrondissement de Paris. Le père pense avoir clos le sujet. D'autant que l'empire se redresse de façon spectaculaire, avec des résultats exceptionnellement bons (1,29 milliard d'euros de chiffre d'affaires en 2022).

Dominique Desseigne l'ignore alors, mais son sort est déjà scellé. Son fils, qui occupe le poste clé de la stratégie et du développement, n'en peut plus d'attendre pour diriger des entreprises qui lui appartiennent ainsi qu'à sa sœur. Il se répand partout en répétant que son père est un *« usurpateur »* qui profite de leur héritage et dilapide les dividendes pour son seul profit. Pas un jour ne se passe sans qu'il n'avertisse ses proches : *« Je vais l'attaquer en justice. » « Il voulait tuer le père »*, se souvient l'un d'entre eux. Sa rage est telle qu'il en vient à formuler des accusations absurdes et à s'interroger sur les circonstances de la disparition de sa mère.

Une petite phrase du patriarche, dans l'édition des *Échos Week-End* du 25 mars 2022, achève de le faire sortir de ses gonds : *« Vu l'impact durable de la crise, la sagesse veut que je continue »*, lâche Dominique Desseigne. *« Une chose est sûre, le passage de relais n'est plus à l'ordre du jour »*, conclut le journaliste chargé de l'interview. Alexandre a capté le message cinq sur cinq : son père ne le jugera jamais apte à lui succéder. Un comble, de la part d'un homme qui n'est plus en capacité d'exercer pleinement ses fonctions, pense-t-il. Il est décidé : puisqu'il n'a pas compris la manière douce, il va devoir employer les grands moyens. La guerre est déclarée.

L'aîné essaye d'entraîner sa sœur cadette, Joy, dans son combat. Dans un premier temps, elle refuse : cette jeune fille blonde et discrète, qui a commencé à travailler à Londres chez Publicis avant de rejoindre le groupe familial en 2020, partage les griefs de son frère, mais conserve une forme d'affection pour son père ou, en tout cas, de désir de le préserver. Qu'importe, Alexandre dispose d'un autre allié. En 2018, il a fait la connaissance de David Layani, entrepreneur à succès et fondateur de la société Onepoint. Ce spécialiste en conseil dans le domaine du numérique, un autodidacte de 45 ans, malin, souriant et charmeur, l'a pris sous son aile.

Layani a commencé par facturer ses rapports d'expertise numérique aux différentes sociétés du groupe Barrière : *« Il y avait du Onepoint partout »*, se souvient un cadre de l'entreprise. En 2019, ces contrats cessent au moment où l'entrepreneur entre au conseil d'administration de la société. Une belle opportunité pour ce nouveau venu dans le monde des affaires, puisque figurent également au sein du conseil un ancien président de la République, Nicolas Sarkozy, et un milliardaire, Marc Ladreit de Lacharrière. Alexandre compte sur son nouvel ami pour faire plier son père, mais la tâche est ardue : Desseigne s'accroche à son siège, soutenu par son ami Sarkozy. Manifestement, il n'est pas prêt à lâcher le pouvoir. Layani conseille d'abord à Alexandre d'essayer de trouver un compromis avec son père. Il lui souffle également l'idée de recruter une nouvelle génération de cadres, si bien que, sans même qu'il s'en aperçoive, de nombreux postes importants échappent progressivement à l'influence de Dominique Desseigne.

Enfin, le brillant entrepreneur, qui inaugurera en juin 2023 ses nouveaux locaux en compagnie du ministre de l'Économie, Bruno Le Maire, en annonçant 500 millions d'euros de chiffre d'affaires avant de tenter une offre de reprise du groupe Atos, a convaincu Alexandre, qu'il appelle *« mon petit frère »*, de *« montrer ses muscles »* face à un père à la vision jugée poussiéreuse et dépassée. *« Layani, le loup dans la bergerie »*, se dira plus tard Dominique Desseigne, lorsqu'il recevra, le 22 juillet 2022, une assignation à comparaître par huissier de justice de la part de son propre fils.

Ce jour-là, Alexandre déclenche donc le feu nucléaire. Il dénie à son père le titre d'usufruitier, l'accuse d'avoir profité de l'état de faiblesse de sa mère après l'accident de 1995 pour lui faire signer des documents en sa faveur et réclame 75 millions d'euros pour les dividendes qu'il estime abusivement perçus. En outre, il le somme d'abandonner ses fonctions illico. Le PDG est sous le choc. Qu'a-t-il bien pu rater pour que sa famille en arrive là ?

Il se tourne vers son ami Nicolas Sarkozy, celui-là même qu'il a hébergé plusieurs semaines villa Montmorency lorsque son épouse Cécilia (une amie d'enfance de Diane) l'avait quitté, en 2007. Il demande également de l'aide à Marc Ladreit de Lacharrière, dirigeant de Fimalac (alors actionnaire à 40 % du groupe Barrière). Les deux hommes tentent de faire dialoguer le père et le fils. Ils comprennent vite que la mission est impossible. Ils convainquent donc Dominique Desseigne d'opter pour un accord à l'amiable.

Une querelle aussi féroce ne peut rester longtemps secrète et sa publicité ne fera que mettre en danger le groupe, font-ils valoir. D'autant plus que Joy, qui habite également dans la maison familiale, décide finalement de se ménager un avenir aux côtés de son frère et de se joindre à son attaque.

Après plusieurs mois de discussions à couteaux tirés et *« souvent mesquines »*, selon plusieurs proches du dossier, un accord est enfin trouvé. Dominique Desseigne reste légalement usufruitier, mais ses dividendes sont limités aux deux premiers millions annuels. Il renonce, par ailleurs, à son pouvoir de nomination au conseil d'administration. Surtout, il accepte de lâcher le poste de PDG au profit de ses deux enfants, qui se partagent désormais la présidence. Alexandre et Joy ont très vite nommé un directeur général, Grégory Rabuel, ancien PDG d'Altice et de SFR, chargé de continuer à faire prospérer la marque et d'accélérer la transformation digitale des différents métiers du groupe. En échange, les enfants garantissent à leur père un train de vie très conséquent : jusqu'à ses 85 ans, il pourra jouir de son bureau au siège parisien du groupe, des services d'un chauffeur, d'une secrétaire, bénéficier de notes de frais, ainsi que du droit de continuer à disposer d'une suite dans les hôtels qu'il ne dirige plus. En revanche, il a été contraint de céder à Alexandre et Joy par une donation la fameuse maison de la villa Montmorency, à condition de pouvoir y résider jusqu'à sa mort.

Cet accord, fixé dans le cadre d'un protocole secret qui interdit à chacun des protagonistes de s'exprimer publiquement, a évité le déballage judiciaire, sans pour autant cautériser aucune plaie. Père et fils ne se parlent plus, mais se sont-ils réellement parlé un jour ? Quand ils se croisent dans les couloirs du 33, rue d'Artois, leurs échanges se résument à de glaciaux « bonjour » ou « bonsoir ». Quant à Joy, elle déjeune de temps à autre avec son père, soucieuse de ne pas totalement couper les ponts.

Derrière la façade aux pierres de taille du siège du groupe cohabite, au milieu des collaborateurs encore traumatisés par ce qu'on appelle ici en chuchotant le *« parricide »*, une famille en lambeaux. En septembre 2023, les deux héritiers faisaient savoir à leur père qu'il n'était plus le bienvenu au Festival du film américain de Deauville, dont le groupe est partenaire de longue date et où Dominique Desseigne, qui a toujours raffolé de la compagnie des stars de cinéma, se rendait chaque année pendant plusieurs jours. Désormais, lors des dîners officiels, ce sont ses enfants qui trônent à la table d'honneur sous les ors du casino. À l'occasion du dîner de clôture du festival le 14 septembre 2024, Alexandre a pris le micro pour rendre hommage à ses grands-parents et à sa mère Diane, sans un mot pour son père, rayé d'un trait de plume de l'histoire familiale. Cette annulation est vécue comme une véritable humiliation par le père.

Le patron déchu à la santé de plus en plus fragile ne fait pas mystère de son scepticisme quant à la stratégie de son fils, qu'il pense dictée par son « gourou » Layani, à commencer par le rachat, fin juillet 2023, pour 325 millions d'euros des parts détenues par Lacharrière, pressé de sortir de cet imbroglio familial. Alexandre et Joy sont depuis considérablement endettés, mais propriétaires du groupe à 100 %. Avec l'obligation de faire rapidement leurs preuves et de montrer qu'ils n'ont pas « tué » leur père pour rien. Dans un texte figurant sur le site internet du groupe, ils se sont, en effet, engagés à assurer *« le moment venu la transmission de la marque à la cinquième génération »*.

Remerciements

Nous tenons à remercier les familles dont nous racontons les histoires. La grande majorité d'entre elles sont passées outre leurs réticences initiales pour accepter de nous rencontrer et de nous confier ce qu'elles ont traversé. Ces enquêtes n'auraient pas été possibles sans les dizaines de salariés, cadres, conseillers, amis intimes, qui, pour chaque dynastie, nous ont nourries d'anecdotes et d'analyses. Plusieurs ministres, anciens hauts fonctionnaires, avocats, experts ou communicants nous ont aussi éclairées sur leurs fonctionnements et leurs dysfonctionnements, et leur aide a été précieuse.

Un immense merci à notre cher journal *Le Monde* qui nous a permis pendant quatre ans de mener ce travail d'investigation passionnant, avec une mention spéciale pour le professionnalisme du service documentation qui nous a déniché des archives indispensables à notre travail.

Toute notre gratitude enfin à Gilles Haéri, directeur d'Albin Michel, et à Alexandre Wickham, notre éditeur, pour nous avoir incitées à approfondir nos enquêtes et à étoffer nos récits afin de les réunir dans un tome 2 de cette grande aventure des Successions.

DES MÊMES AUTRICES

Successions. L'argent, le sang et les larmes, Albin Michel, 2022.

Raphaëlle Bacqué

Kaiser Karl, Albin Michel, 2019.

La Communauté, avec Ariane Chemin, Albin Michel, 2018.

Richie, Grasset, 2015.

Les Strauss-Kahn, avec Ariane Chemin, Albin Michel, 2012.

Le Dernier Mort de Mitterrand, Grasset/Albin Michel, 2010.

L'Enfer de Matignon, Albin Michel, 2008.

La Femme fatale, avec Ariane Chemin, Albin Michel, 2007.

Chirac ou le démon du pouvoir, Albin Michel, 2002.

Seul comme Chirac, avec Denis Saverot, Grasset, 1997.

Chirac président, les coulisses d'une victoire, avec Denis Saverot, Le Rocher, 1995.

Vanessa Schneider

La Fille de Deauville, roman, Grasset, 2022.

L'homme qui voulait être aimé, avec Georges Kiejman, Grasset, 2021.

Tu t'appelais Maria Schneider, roman, Grasset, 2018.

Le Mauvais Génie, avec Ariane Chemin, 2015.

Le jour où tu m'as quittée, roman, Stock, 2014.

Le Pacte des vierges, roman, Stock, 2011.

Tâche de ne pas devenir folle, roman, Stock, 2009.

La Mère de ma mère, roman, Stock, 2008.

La Déprime des politiques, Le Seuil, 2001.

Composition : Nord Compo
Impression : Imprimerie Floch, octobre 2024
Éditions Albin Michel
22, rue Huyghens, 75014 Paris
www.albin-michel.fr
ISBN : 978-2-226-49771-0
N° d'édition : 26122/01 – N° d'impression : 105741
Dépôt légal : novembre 2024
Imprimé en France